Johannes Allgäuer

Das Naturwesen PESTO Rezeptbuch

Außergewöhnlich gechannelte vegane Rezepte

von Elfen, Feen, Zwergen

und vielen anderen Naturwesen

Impressum:

Herstellung und Verlag: Books on Demand,

Norderstedt, ISBN Nr: 978-3-738-61913-3

Vorwort:

Ich habe aufgrund der großen Nachfrage nach veganen Pesto-Rezepten nun angefangen, diese zu erstellen und auch aufzuschreiben.

Wieder gaben uns unsere Naturwesenfreunde wundervolle Rezepte durch, die so lecker und genial sind und ich ein Pesto nach dem anderen machte und auch weiterhin mache!

Es sind 100 vegane Pesto-Rezepte, da könnt ihr ausgiebig ausprobieren und euch leckere vegane Pestos herstellen!

Man kennt ja meistens nur grüne oder rote Pesto-Rezepte. Oh, wie langweilig...

Zudem gibt es nicht nur deftige oder sehr würzige Pesto-Rezepte, sondern auch in anderen Geschmacksrichtungen, so dass eure Geschmacksknospen überrascht und interessiert auf ihre Kosten kommen werden.

So, habt viel Freude mit unseren, einmaligen, ausgefallenen, gechannelten VEGANEN Pesto-Rezepten.

Ich möchte noch dazu sagen, dass wir nur genfreie Materialien verwenden. Wenn ich also z.B. Maismehl, Cornflakes oder so benenne, so ist das Produkt immer in Bioqualität, frei von Genveränderungen und das Wichtigste: Ich, bzw. wir (also auch meine Frau Flora) bitten immer um den Segen für alles was wir essen und trinken von GOTTVATER und alles, was wir an Obst und Gemüse kaufen, wird in Ozonwasser eingelegt. (Wenn ihr kein Ozonwasser habt, könnt ihr es auch in Essigwasser einlegen, um es zu desinfizieren).

Kräuter und Früchte aus dem Garten bitte liebevoll pflücken und wenn möglich, vorher mit ihnen reden und ihnen sagen, wozu ihr sie benutzen möchtet, dann entfalten sie ihre höchste Energie.

Nüsse aller Art werden mindestens 2-3 Stunden vor der Benutzung in (Ozon)Wasser eingeweicht und achtet bitte auch darauf, dass ihr nichts kauft, dass in der Inhaltsangabe den Namen: modifiziert beinhaltet. Modifiziert heißt verändert, meistens gentechnisch und dass ist für den Körper absolut schwierig zu verarbeiten und schadet ihm mehr, als das es ihm hilft. Meidet auch E-Stoffe und besorgt euch eine E-Stoffe Liste, damit ihr seht, was dahinter steckt.

Jedes Pesto wird immer mit energetischen (Quell)wasser auch versehen, um die hohe Schwingung dort optimal zu verstärken.

Vegane Pestos könnt ihr folgendermaßen einsetzen: Als Dip, als Brotaufstrich, ideal für Nudeln, Reis, zu Kartoffeln, auf vegane Pfannkuchen (ein veganes Kochbuch ist in Vorbereitung), und vieles mehr. Euch sind da keine Grenzen gesetzt...

Jetzt viel Freude beim Lesen und nachmachen

Wünscht euch Johannes und meine Helfer aus der Naturwesenwelt, ohne die dieses einzigartige Buch nicht erstehen konnte.

1.) PAN PESTO - „Feurig scharf"

50 g Rucola Salat

1 Chilli Schote

1/3 Zwiebel

2 Knoblauchzehen

30 ml Kokosmilch

½ TL Steinsalz (eventuell 1 TL je nach eurem Geschmackssinn)

1 EL Bierhefe (oder andere Hefe eurer Wahl, außer Hefeextrakt, dieses bitte nie verwenden!))

5 Löwenzahnköpfe (im Winter als Ersatz 1 TL Spirulina-Pulver nehmen)

3 EL gutes, gesegnetes (Quell)wasser

(ozonisiertes), kaltgepresstes Olivenöl (bzw. Öl nach eurer Wahl.)

Zubereitung:

Ihr gebt alles in euren Mixer oder auch in den Messbecher, wenn ihr den Stabmixer nehmt.

Zuerst gebt ihr etwa 3-4 EL des Öls vor dem ersten mixen mit hinein und dann lasst ihr nach und nach das Öl zulaufen, je nachdem, wie fest oder flüssig ihr das Pesto möchtet.

Wenn euch das vegane Pesto zu scharf ist, könnt ihr es mit weiterer Kokosmilch abmildern. Viel Freude mit diesem feurigen Pesto ! Danke schön, lieber Pan!

2.) Fee Linde „Frühlings- Birken- Pesto"

60g Feldsalat

3 EL gutes, gesegnetes (Quell)wasser

(ozonisiertes), kaltgepresstes Olivenöl (bzw. Öl nach eurer Wahl.)

1 EL Dinkelkleie

1 Knoblauchzehe

20 junge, frische Birkenblätter (Rezept klappt so nur im Frühling) Im Rest des Jahres könnt ihr 20 g Petersilie nehmen)

1 Prise Guaranapulver

1 TL Steinsalz (oder gutes Himalayasalz)

1 Prise Pfeffer

1 große Tomate (oder 30g Tomaten aus der Dose)

Zubereitung:

Ihr gebt alles in euren Mixer oder auch in den Messbecher, wenn ihr den Stabmixer nehmt.

Zuerst gebt ihr etwa 3-4 EL des Öls vor dem ersten mixen mit hinein und dann lasst ihr nach und nach das Öl zulaufen, je nachdem, wie fest oder flüssig ihr das Pesto möchtet.

Dieses Geschmackserlebnis ist nicht nur wundervoll, sondern auch sehr gesund! Viel Freude beim Nachempfinden wünscht Fee Linde!Danke schön, liebe Fee Linde!

3.) Hutzlibub Pesto „Lustig, tralalalala"

1 Bund Petersilie (oder die Menge eines Biotopfes Petersilie)

2 EL gutes, gesegnetes (Quell)wasser

(ozonisiertes) kaltgepresstes Olivenöl (bzw. Öl nach eurer Wahl.)

1 Prise Sternanis

1 EL Carobpulver (oder reinen Kakao ohne Zusätze)

9 schwarze Oliven (vorher in (Ozon)Wasser reinigen)

½ Apfel (mit Kernen)

1 EL Ahornsirup (oder Xylitpulver, aus Birke hergestellt)

½ TL Steinsalz

3-4 Walnüsse (nur die Kerne)

Zubereitung:

Ihr gebt alles in euren Mixer oder auch in den Messbecher, wenn ihr den Stabmixer nehmt.

Zuerst gebt ihr etwa 3-4 EL des Öls vor dem ersten mixen mit hinein und dann lasst ihr nach und nach das Öl zulaufen, je nachdem, wie fest oder flüssig ihr das Pesto möchtet.

Der Geschmack wird euch beschwingt und vergnügt machen. Ideal als Brotaufstrich oder als Beilage zu veganen Pfannkuchen. Dieses wünscht euch: Hutzlibub, Wichtelmann und Lebenskünstler!

4.) Zwerg Bertelbart Pesto: Wärmendes und gesundes dazu"

1 Bund Basilikum (oder einen Biotopf nehmen)

1 TL Steinsalz

3 gedämpfte Brokkoliköpfe

1 Prise Bockshornkleesamen

1 Prise Schwarzkümmelsamen

1 Prise Majoran, 1 Chillischote

2 EL eingeweichte Sonnenblumenkerne

1 TL Paprikapulver, 1 EL Senf

7 EL Kokosmilch, 1 TL Spirulinapulver

1 EL gutes, gesegnetes (Quell)wasser

(ozonisiertes) kaltgepresstes Olivenöl (bzw. Öl nach eurer Wahl.)

Zubereitung:

Ihr gebt alles in euren Mixer oder auch in den Messbecher, wenn ihr den Stabmixer nehmt.

Zuerst gebt ihr etwa 3-4 EL des Öls vor dem ersten mixen mit hinein und dann lasst ihr nach und nach das Öl zulaufen, je nachdem, wie fest oder flüssig ihr das Pesto möchtet.

Dieses Pesto wird eure Geschmacksnerven so richtig auf Vordermann bringen! Viel Freude damit, euer Bertelbart!

5.) Pegasus Pesto „Luftig und doch erdig"

50g frischen Spinat

Gekeimte Alfalfa Sprossen (etwa 30 g)

1 Prise Rosmarin

20g eingeweichte Mandeln

1 Prise Kreuzkümmel

½ TL Steinsalz

9 EL Kokosmilch

3 Gänseblümchen (in der kalten Jahreszeit Salbei nehmen)

3 EL gutes, gesegnetes (Quell)wasser

(ozonisiertes) kaltgepresstes Olivenöl (bzw. Öl nach eurer Wahl.)

Zubereitung:

Ihr gebt alles in euren Mixer oder auch in den Messbecher, wenn ihr den Stabmixer nehmt.

Zuerst gebt ihr etwa 3-4 EL des Öls vor dem ersten mixen mit hinein und dann lasst ihr nach und nach das Öl zulaufen, je nachdem, wie fest oder flüssig ihr das Pesto möchtet.

Um sich leicht und fluffig zu fühlen und doch geerdet zu sein, wird dieses Pesto von Pegasus empfohlen!

Gutes Gelingen! Danke schön, lieber Pegasus!

6.) Wichtelmann Horvath Pesto „Kartoffel-Stoffel"

1-2 Kartoffeln mit Schale (gekocht, auch vom Vortag möglich), nur 1 Kartoffel, wenn sie groß ist.

1 Bund Basilikum

1 Prise Kräuter der Provence

2 TL Steinsalz

4 EL Sonnenblumenkerne (eingeweicht)

2 TL frisch gepressten Zitronensaft

1 TL Kurkumapulver

3 EL gutes, gesegnetes (Quell)wasser

(ozonisiertes) kaltgepresstes Olivenöl (bzw. Öl nach eurer Wahl.)

Zubereitung:

Ihr gebt alles in euren Mixer oder auch in den Messbecher, wenn ihr den Stabmixer nehmt.

Zuerst gebt ihr etwa 3-4 EL des Öls vor dem ersten mixen mit hinein und dann lasst ihr nach und nach das Öl zulaufen, je nachdem, wie fest oder flüssig ihr das Pesto möchtet.

Ein sehr ungewöhnliches Geschmackserlebnis und gleichzeitig der Drang, es so ohne alles mit dem Löffel zu verputzen. Na dann, viel Freude dabei!

Danke schön, Horvath, für dieses interessante Pesto-Rezept!

7.) Hutzlibub Pesto: „Rosmarin und Thymian Leckerlie"

50g Chicorée-Salatblätter

1 TL Zitronensaft

1 Schälchen Bio Brunnenkresse

7 eingeweichte Cashewkerne

1 TL Steinsalz

1 TL Rosmarin

1 TL Thymian

½ Mark aus der echten Vanille

4 EL gutes, gesegnetes (Quell)wasser

(ozonisiertes) kaltgepresstes Olivenöl (bzw. Öl nach eurer Wahl.)

Zubereitung:

Ihr gebt alles in euren Mixer oder auch in den Messbecher, wenn ihr den Stabmixer nehmt.

Zuerst gebt ihr etwa 3-4 EL des Öls vor dem ersten mixen mit hinein und dann lasst ihr nach und nach das Öl zulaufen, je nachdem, wie fest oder flüssig ihr das Pesto möchtet.

Das Geschmackserlebnis ungewöhnlicher Art!

Ich empfehle es auch als Brotaufstrich zu benutzen!

Danke schön, lieber Hutzlibub! Gerne, lieber Johannes!

8.) Zwerg Barnabas Pesto: "Tannenspitz"

30g Sauerampfer (oder ersatzweise Schnittlauch)

1 TL Pastinakenpulver

5 frische Tannenspitzen (geht nur im Frühling, als Ersatz ist Löwenzahnblatt möglich)

5 Liebstöckelblätter

20 Rosinen (oder Sultaninen)

1 TL Steinsalz

2 EL Bierhefe (oder Edelhefe)

3 EL gutes, gesegnetes (Quell)wasser

(ozonisiertes) kaltgepresstes Olivenöl (bzw. Öl nach eurer Wahl.)

Zubereitung:

Ihr gebt alles in euren Mixer oder auch in den Messbecher, wenn ihr den Stabmixer nehmt.

Zuerst gebt ihr etwa 3-4 EL des Öls vor dem ersten mixen mit hinein und dann lasst ihr nach und nach das Öl zulaufen, je nachdem, wie fest oder flüssig ihr das Pesto möchtet.

Im Frühling unbedingt ausprobieren! Aber fragt vorher nach, von welchem Tannenbaum ihr 5 frische Spitzen nehmen dürft. Sehr lecker und gesund!

Danke schön, Barnabas!

9.) Fee Tanne Pesto: „Fest verwurzelt in der Erden"

2 Blatt Kopfsalat

10 Blatt Löwenzahn

3 Löwenzahnköpfe

7 Walnüsse, ½ TL Steinsalz

1 Prise schwarzen Pfeffer

1 TL Johannisbrotkernmehl (oder ersatzweise Carobpulver)

5 Gänseblümchenköpfe

1 mittelgroße Tomate (oder 2 EL Tomatenmark)

3 EL gutes, gesegnetes (Quell)wasser

(ozonisiertes) kaltgepresstes Olivenöl (bzw. Öl nach eurer Wahl.)

Zubereitung:

Ihr gebt alles in euren Mixer oder auch in den Messbecher, wenn ihr den Stabmixer nehmt.

Zuerst gebt ihr etwa 3-4 EL des Öls vor dem ersten mixen mit hinein und dann lasst ihr nach und nach das Öl zulaufen, je nachdem, wie fest oder flüssig ihr das Pesto möchtet.

Bittet immer erst die Pflanzen darum, sie pflücken zu dürfen, bevor ihr sie aus dem Garten / der Wiese holt. Sie geben sie euch von Herzen gern! Danke, liebe Fee Tanne dafür!

11.) Baumbeschützerwesen Eibe Pesto
„Macht satt!"

30g Liebstöckel

1 Bund Petersilie (oder ersatzweise aus dem Topf)

Gekeimte Alfalfa Sprossen (eine Handvoll)

7 grüne Oliven (vorher gewässert)

1 TL Steinsalz

15 Walnusskerne

2 EL zarte Haferflocken

2 Knoblauchzehen

1 Prise Schwarzkümmelsamen

2 EL gutes, gesegnetes (Quell)wasser

(ozonisiertes) kaltgepresstes Olivenöl (bzw. Öl nach eurer Wahl.)

Zubereitung:

Ihr gebt alles in euren Mixer oder auch in den Messbecher, wenn ihr den Stabmixer nehmt.

Zuerst gebt ihr etwa 3-4 EL des Öls vor dem ersten Mixen mit hinein und dann lasst ihr nach und nach das Öl zulaufen, je nachdem, wie fest oder flüssig ihr das Pesto möchtet.

Idealerweise könnt ihr auch Kokosöl im Topf erwärmen und dieses nehmen, es sollte aber schnell verbraucht werden.

11.) Beschützerwesen des Schnittlauchs Pesto:

„Schnittig und lauchig"

1 Bund Schnittlauch (oder frisch aus dem Topf oder dem Garten)

20g Liebstöckel

1 TL Steinsalz

1 Prise Kreuzkümmel

1 Prise Ingwerpulver

1 Prise schwarzer Pfeffer (aus der Mühle)

1 Prise Kümmel

2 EL Senf (am besten mittelscharfen)

1 TL Aloe Vera Saft

3 EL gutes, gesegnetes (Quell)wasser

(ozonisiertes) kaltgepresstes Olivenöl (bzw. Öl nach eurer Wahl.)

Zubereitung:

Ihr gebt alles in euren Mixer oder auch in den Messbecher, wenn ihr den Stabmixer nehmt.

Zuerst gebt ihr etwa 3-4 EL des Öls vor dem ersten mixen mit hinein und dann lasst ihr nach und nach das Öl zulaufen, je nachdem, wie fest oder flüssig ihr das Pesto möchtet.

Es schmeckt lecker und doch etwas scharf...

12.) Sonnenblumenfee Pesto: „Licht und Sonne"

50g Rucola Salat

3 EL Sonnenblumenkerne

3 EL Cashewkerne

1 TL mittelscharfen Senf

1 TL Carobpulver

7 EL Kokosmilch

3 EL Bio Cornflakes (genfrei)

1 TL Ceylon Zimt, 2 EL Rosinen

1 TL Steinsalz

3 EL gutes, gesegnetes (Quell)wasser

(ozonisiertes) kaltgepresstes Olivenöl (bzw. Öl nach eurer Wahl.)

Zubereitung:

Ihr gebt alles in euren Mixer oder auch in den Messbecher, wenn ihr den Stabmixer nehmt.

Zuerst gebt ihr etwa 3-4 EL des Öls vor dem ersten mixen mit hinein und dann lasst ihr nach und nach das Öl zulaufen, je nachdem, wie fest oder flüssig ihr das Pesto möchtet.

Es erfrischt und erfreut die Augen und die Sinne!

Vielen lieben Dank, liebe Sonnenblumenfee!

13.) Pan Pesto: „Süßer Brotaufstrich"

1 Bund Petersilie

2 EL Karottensaft (ohne Honig!)

2 Äpfel (mit Kerne)

3 EL eingeweichte Mandeln

2 El Rote Beete Saft (darauf achten, dass er vegan ist!)

30 g Liebstöckel

1 EL Ahornsirup

½ TL Steinsalz

10 Heidelbeeren

2 EL gutes, gesegnetes (Quell)wasser

(ozonisiertes) kaltgepresstes Olivenöl (bzw. Öl nach eurer Wahl.)

Zubereitung:

Ihr gebt alles in euren Mixer oder auch in den Messbecher, wenn ihr den Stabmixer nehmt.

Zuerst gebt ihr etwa 3-4 EL des Öls vor dem ersten mixen mit hinein und dann lasst ihr nach und nach das Öl zulaufen, je nachdem, wie fest oder flüssig ihr das Pesto möchtet.

Echt lecker und ideal als Brotaufstrich oder zu veganen Waffeln oder Pfannkuchen! Danke schön, lieber Pan, für dieses sehr schmackhafte Pesto! Ich bin davon begeistert!

14.) Heinzelmann Erwin Pesto „Avocado-Power!"

1 Bund Basilikum

1 TL Kräuter der Provence

1 TL Oregano

2 Avocados (erst nehmen, wenn das Avocadofruchtfleisch schön reif ist)

2 TL Steinsalz, 1 EL mittelscharfen Senf

1 TL Spirulinapulver (oder Chlorellapulver, je nachdem, was ihr da habt)

2 Prisen schwarzer Pfeffer aus der Mühle, wenn möglich.

2 EL gutes, gesegnetes (Quell)wasser

(ozonisiertes) kaltgepresstes Olivenöl (bzw. Öl nach eurer Wahl.)

Zubereitung:

Ihr gebt alles in euren Mixer oder auch in den Messbecher, wenn ihr den Stabmixer nehmt.

Zuerst gebt ihr etwa 3-4 EL des Öls vor dem ersten mixen mit hinein und dann lasst ihr nach und nach das Öl zulaufen, je nachdem, wie fest oder flüssig ihr das Pesto möchtet.

Gibt Kraft, schmeckt gut und ist nahrhaft!

Danke schön, lieber Erwin! Willkommen im „Team"!

15.) Zwerg Burgbert Pesto: „von früher"

1 Bund Schnittlauch

7 Liebstöckelblätter

5 Erdbeeren

1 Prise Kümmel

3 Löwenzahnköpfe

½ TL Steinsalz

3 EL gutes, gesegnetes (Quell)wasser

(ozonisiertes) kaltgepresstes Olivenöl (bzw. Öl nach eurer Wahl.)

Zubereitung:

Ihr gebt alles in euren Mixer oder auch in den Messbecher, wenn ihr den Stabmixer nehmt.

Zuerst gebt ihr etwa 3-4 EL des Öls vor dem ersten mixen mit hinein und dann lasst ihr nach und nach das Öl zulaufen, je nachdem, wie fest oder flüssig ihr das Pesto möchtet.

Es sind wundervolle Dinge, die es früher schon gab und die harmonisch miteinander wirken und ihre entsprechenden Geschmacksnuancen abgeben.

Danke schön, lieber Burgbert!

16.) Himbeerwichtel Tonius Pesto: „Süß und verführerisch lecker"

1 Birne mit Kernen

1 Apfel mit Kernen

20 g Bärlauch

12 Himbeeren

20 Mandeln (eingeweicht)

9 Heidelbeeren

½ TL Steinsalz

3 EL gutes, gesegnetes (Quell)wasser

(ozonisiertes) kaltgepresstes Olivenöl (bzw. Öl nach eurer Wahl.)

Zubereitung:

Ihr gebt alles in euren Mixer oder auch in den Messbecher, wenn ihr den Stabmixer nehmt.

Zuerst gebt ihr etwa 3-4 EL des Öls vor dem ersten mixen mit hinein und dann lasst ihr nach und nach das Öl zulaufen, je nachdem, wie fest oder flüssig ihr das Pesto möchtet.

Schmeckt sehr lecker und ist ideal, es auch so nebenbei zu essen...

Danke, lieber Tonius, wir begrüßen dich auch ganz herzlich!

Gern geschehen, lieber Johannes!

17.) Fee Holler Pesto: „Holundergrüniges"

30g Holunderbeeren (wenn die Zeit dafür da ist)

1 Bund Petersilie

7 EL Kokosmilch

1 Prise Cayennepfeffer

1 TL Steinsalz

3 Löwenzahnköpfe

2 EL Sonnenblumenkerne

3 EL gutes, gesegnetes (Quell)wasser

(ozonisiertes) kaltgepresstes Olivenöl (bzw. Öl nach eurer Wahl.)

Zubereitung:

Ihr gebt alles in euren Mixer oder auch in den Messbecher, wenn ihr den Stabmixer nehmt.

Zuerst gebt ihr etwa 3-4 EL des Öls vor dem ersten mixen mit hinein und dann lasst ihr nach und nach das Öl zulaufen, je nachdem, wie fest oder flüssig ihr das Pesto möchtet.

Dieses Pestorezept funktioniert nur dann, wenn die Holunderbeeren reif sind. Ihr könnt es in dieser Zeit öfter machen, es lohnt sich!

Vielen Dank, Fee Holler!

18.) Zwerg Nimmersatt Pesto: „Ich liebe Pestogeruch!"

50g Rucola Salat

1 EL mittelscharfen Senf

3 EL Kokosmilch

1 Prise schwarzen Pfeffer

1 Prise Sternanis

1 Prise Schwarzkümmelsamen

5 Kapern, 1 TL Steinsalz

1 Prise Dinkelkleie

3 EL Tomatenmark

2 EL gutes, gesegnetes (Quell)wasser

(ozonisiertes) kaltgepresstes Olivenöl (bzw. Öl nach eurer Wahl.)

Zubereitung:

Ihr gebt alles in euren Mixer oder auch in den Messbecher, wenn ihr den Stabmixer nehmt.

Zuerst gebt ihr etwa 3-4 EL des Öls vor dem ersten mixen mit hinein und dann lasst ihr nach und nach das Öl zulaufen, je nachdem, wie fest oder flüssig ihr das Pesto möchtet.

Dieses Pesto riecht nach mehr! Es hat einen Duft! Superklasse! Und es schmeckt auch so! Danke schön!

19.) Zwerg Bertelbart Pesto: „Sauerampfer-Leckerei"

1 Bund Petersilie

7 Sauerampfer Blätter

1 TL Steinsalz

5 Gänseblümchen

3 Löwenzahnköpfe

5 EL Kokosmilch

1 Prise Ingwerpulver

½ TL Senfmehl (oder ½ TL mittelscharfen Senf)

3 EL gutes, gesegnetes (Quell)wasser

(ozonisiertes) kaltgepresstes Olivenöl (bzw. Öl nach eurer Wahl.)

Zubereitung:

Ihr gebt alles in euren Mixer oder auch in den Messbecher, wenn ihr den Stabmixer nehmt.

Zuerst gebt ihr etwa 3-4 EL des Öls vor dem ersten mixen mit hinein und dann lasst ihr nach und nach das Öl zulaufen, je nachdem, wie fest oder flüssig ihr das Pesto möchtet.

Es ist eine interessante Variante für eure Geschmacksknospen! Freut euch drauf!

Danke schön, Bertelbart, mein Freund!

zu.) Zwerg Knuddelbert Pesto: „vom grünen Wiesentisch"

12 Löwenzahnblätter

5 Gänseblümchen

7 Salbeiblätter

3 Stiele vom Zwiebellauch (wenn die Zwiebel auswächst, davon nehmen)

5 Liebstöckelblätter

1 TL Steinsalz

2 EL gutes, gesegnetes (Quell)wasser

(ozonisiertes) kaltgepresstes Olivenöl (bzw. Öl nach eurer Wahl.)

Zubereitung:

Ihr gebt alles in euren Mixer oder auch in den Messbecher, wenn ihr den Stabmixer nehmt.

Zuerst gebt ihr etwa 3-4 EL des Öls vor dem ersten mixen mit hinein und dann lasst ihr nach und nach das Öl zulaufen, je nachdem, wie fest oder flüssig ihr das Pesto möchtet.

Damit ihr seht, wie wunderbar heimische Kräuter munden, ist dieses Pesto einmal entwickelt worden. Viel Freude beim Genießen!

Danke schön, Knuddelbert! Willkommen bei uns!

Danke Johannes!

21.) Nixe Amelia Pesto: „Algengrün"

1 Bund Petersilie

2 TL Chlorellapulver

1 TL Spirulinapulver

1 TL Steinsalz

1 Prise schwarzer Pfeffer

5 EL Mandeln (eingeweicht)

1 TL Tomatenmark

1 EL gutes, gesegnetes (Quell)wasser

(ozonisiertes) kaltgepresstes Olivenöl (bzw. Öl nach eurer Wahl.)

Zubereitung:

Ihr gebt alles in euren Mixer oder auch in den Messbecher, wenn ihr den Stabmixer nehmt.

Zuerst gebt ihr etwa 3-4 EL des Öls vor dem ersten mixen mit hinein und dann lasst ihr nach und nach das Öl zulaufen, je nachdem, wie fest oder flüssig ihr das Pesto möchtet.

Eine Geschmackssymphonie allererster Güte!

Danke schön, liebe Amelia! Auch du sei herzlich willkommen als Mithelfer bei diesem außergewöhnlichen Buch!

Gerne, lieber Johannes! Wir kennen uns ja schon aus Südschweden.

22.) Zwerg Hummelbart Pesto: „Tomatenlastige Schärfe"

1 Bund Petersilie

3 mittelgroße Tomaten (ohne Strunk)

1,5 TL Steinsalz

1 Prise schwarzer Pfeffer aus der Mühle

½ TL Schwarzkümmelsamen

1 Chillischote

1 Knoblauchzehe

5 EL Kokosmilch

¼ Zwiebel, 1 TL Leinsamen

1 TL Pinienkerne (oder 7 Cashewnüsse)

2 EL gutes, gesegnetes (Quell)wasser

(ozonisiertes) kaltgepresstes Olivenöl (bzw. Öl nach eurer Wahl.)

Zubereitung:

Ihr gebt alles in euren Mixer oder auch in den Messbecher, wenn ihr den Stabmixer nehmt.

Zuerst gebt ihr etwa 3-4 EL des Öls vor dem ersten mixen mit hinein und dann lasst ihr nach und nach das Öl zulaufen, je nachdem, wie fest oder flüssig ihr das Pesto möchtet.

Das Pesto wird durch die Kokosmilch abgemildert.

23.) Wichtelmann Kunbertl Pesto: „Klein – aber oho!"

½ Chicorée Salat

1 TL Steinsalz

7 Liebstöckel Blätter

1 Prise Kräuter der Provence

1 TL Senfpulver (oder adäquat 1 TL Senf)

½ TK Koriandersamen

1 Prise Kalmuswurzel)oder alternativ: Oregano)

1 TL Tomatenmark

2 EL gutes, gesegnetes (Quell)wasser

(ozonisiertes) kaltgepresstes Olivenöl (bzw. Öl nach eurer Wahl.)

Zubereitung:

Ihr gebt alles in euren Mixer oder auch in den Messbecher, wenn ihr den Stabmixer nehmt.

Zuerst gebt ihr etwa 3-4 EL des Öls vor dem ersten mixen mit hinein und dann lasst ihr nach und nach das Öl zulaufen, je nachdem, wie fest oder flüssig ihr das Pesto möchtet.

Was hättet ihr gesagt zu solch einem Pesto-Rezept ohne meinen Tipp, nun?

Wir sind begeistert, lieber Kunbertl! Danke!

24.) Beschützer des Grundstücks Pesto: „Kräftig und stark!"

50g Liebstöckel

1 TL Steinsalz

5 Gänseblümchen

5 Blatt Brennnessel (liebevoll gepflückt)

30g Spinatblätter

1 Prise Cayennepfeffer

3 EL Kokosmilch

3 EL gutes, gesegnetes (Quell)wasser

(ozonisiertes) kaltgepresstes Olivenöl (bzw. Öl nach eurer Wahl.)

Zubereitung:

Ihr gebt alles in euren Mixer oder auch in den Messbecher, wenn ihr den Stabmixer nehmt.

Zuerst gebt ihr etwa 3-4 EL des Öls vor dem ersten mixen mit hinein und dann lasst ihr nach und nach das Öl zulaufen, je nachdem, wie fest oder flüssig ihr das Pesto möchtet.

Es ist eine gute. Sanfte Mischung, die aber kräftigt und stärkt!

Danke schön, lieber Beschützer! Wir umarmen dich!

25.) Elfe Elfi Pesto: „Sonnendurchflutet"

15 Löwenzahnköpfe

1 TL Steinsalz

2 EL Mandeln (eingeweicht)

1 Handvoll Feldsalat

1 TL Carobpulver

15 Liebstöckelblätter

½ (echte) Vanille (das Mark)

1 TL Ceylon Zimtpulver

2 EL gutes, gesegnetes (Quell)wasser

(ozonisiertes) kaltgepresstes Olivenöl (bzw. Öl nach eurer Wahl.)

Zubereitung:

Ihr gebt alles in euren Mixer oder auch in den Messbecher, wenn ihr den Stabmixer nehmt.

Zuerst gebt ihr etwa 3-4 EL des Öls vor dem ersten mixen mit hinein und dann lasst ihr nach und nach das Öl zulaufen, je nachdem, wie fest oder flüssig ihr das Pesto möchtet.

Es schmeckt sehr leicht und dieses sonnendurchflutete Energiebündel spürt man sehr intensiv!

Danke schön, liebe Elfi! Sei lieb umarmt!

26.) Zwerg Hatschlbub Pesto: "Allgäuer Power"

1 Bund Petersilie

1 Knoblauchzehe

¼ Zwiebel

1 Hand voll Alfalfa Keime

1/3 Schlangengurke

1 TL Steinsalz

3 Salbeiblätter

1 EL gutes, gesegnetes (Quell)wasser

(ozonisiertes) kaltgepresstes Olivenöl (bzw. Öl nach eurer Wahl.)

Zubereitung:

Ihr gebt alles in euren Mixer oder auch in den Messbecher, wenn ihr den Stabmixer nehmt.

Zuerst gebt ihr etwa 3-4 EL des Öls vor dem ersten mixen mit hinein und dann lasst ihr nach und nach das Öl zulaufen, je nachdem, wie fest oder flüssig ihr das Pesto möchtet.

Mit Blick auf die Berge, diese Pesto genießen...

Ja, lieber Hatschlbub! Nett, dich kennengelernt zu haben! Komm gerne wieder!

Ja, das werde ich tun! Gutes Gelingen des Buches! – Danke!

27.) Pegasus Pesto: „Nur fliegen ist schöner..."

1 Handvoll Spinatblätter

30g Heidelbeeren

20g Sellerie, 1 TL Steinsalz

3 Gänseblümchen

20 Erdnüsse (selber öffnen! Bei Unverträglichkeit Walnüsse in gleicher Menge nehmen)

1 Prise Sternanis, 1 Prise Ceylon Zimt

3 frisch gepflückte Brennnesselblätter (kurz heiß überbrühen mit Absprache)

1 EL gutes, gesegnetes (Quell)wasser

(ozonisiertes) kaltgepresstes Olivenöl (bzw. Öl nach eurer Wahl.)

Zubereitung:

Ihr gebt alles in euren Mixer oder auch in den Messbecher, wenn ihr den Stabmixer nehmt.

Zuerst gebt ihr etwa 3-4 EL des Öls vor dem ersten mixen mit hinein und dann lasst ihr nach und nach das Öl zulaufen, je nachdem, wie fest oder flüssig ihr das Pesto möchtet.

Dieses Pesto beflügelt euch, Gutes zu tun, wenn ihr es stressfrei zubereitet und stressfrei esst! Viel Freude damit!

Danke schön, lieber Pegasus!

28.) Hokaido Beschützerwesen Pesto: „Kürbis-Paradies"

1/3 Chicoree Salat

1 TL Steinsalz

50g Hokaido Kürbis (kurz in der Pfanne mit etwas Kokosöl angedünstet)

7 Liebstöckel Blätter

1 Prise Oregano

12 Cashewkerne

1 Prise Sternanis

1 EL gutes, gesegnetes (Quell)wasser

(ozonisiertes) kaltgepresstes Olivenöl (bzw. Öl nach eurer Wahl.)

Zubereitung:

Ihr gebt alles in euren Mixer oder auch in den Messbecher, wenn ihr den Stabmixer nehmt.

Zuerst gebt ihr etwa 3-4 EL des Öls vor dem ersten mixen mit hinein und dann lasst ihr nach und nach das Öl zulaufen, je nachdem, wie fest oder flüssig ihr das Pesto möchtet.

Die Kunst ist es, dass der Hokaido schon etwas weich wird, aber nicht matschig. Dann erst das Pesto herstellen. Ein Genuss!

Danke schön, mein Freund!

29.) Fee Holler Pesto: „Südländischer Flair"

1 Bund Petersilie

2 Knoblauchzehen

1 TL Zitronensaft

5 EKL Kokosmilch

5 grüne Oliven

5 schwarze Oliven

1 TL Tomatenpaste

1 TL Kräuter der Provence

1 TL Steinsalz

2 EL gutes, gesegnetes (Quell)wasser

(ozonisiertes) kaltgepresstes Olivenöl (bzw. Öl nach eurer Wahl.)

Zubereitung:

Ihr gebt alles in euren Mixer oder auch in den Messbecher, wenn ihr den Stabmixer nehmt.

Zuerst gebt ihr etwa 3-4 EL des Öls vor dem ersten mixen mit hinein und dann lasst ihr nach und nach das Öl zulaufen, je nachdem, wie fest oder flüssig ihr das Pesto möchtet.

Ein Gedicht! Es läuft einem das Wasser im Munde zusammen!

Danke schön für ein weiteres Pesto Rezept, liebe Fee Holle!

Gern geschehen, Johannes!

32.) Zwerg Barnabas Pesto: „Überraschung!"

50g grüne Oliven (entsteint und gewässert)

3 EL Tomatenmark

1 TL Steinsalz

3 EL Kokosmilch

3 EL voll Galiamelone

1 Handvoll gekeimte Alfalfa Sprossen

¼ Schlangengurke (mit Schalem, aber gut gewaschen)

1 EL gutes, gesegnetes (Quell)wasser

(ozonisiertes) kaltgepresstes Olivenöl (bzw. Öl nach eurer Wahl.)

Zubereitung:

Ihr gebt alles in euren Mixer oder auch in den Messbecher, wenn ihr den Stabmixer nehmt.

Zuerst gebt ihr etwa 3-4 EL des Öls vor dem ersten mixen mit hinein und dann lasst ihr nach und nach das Öl zulaufen, je nachdem, wie fest oder flüssig ihr das Pesto möchtet.

Eine wunderbare Überraschung! Ein intensiver Gaumengenuß!

Vielen Dank, lieber Barnabas!

Jederzeit gerne, lieber Johannes!

31.) Wichtelmann Horvath Pesto: „Schmeckt super!"

1 Bund Basilikum

1,5 TL Steinsalz

1 Prise schwarzer Pfeffer

20g Cashewnüsse (eingeweicht)

1 TL Tomatenmark

5 Blatt Liebstöckel

2 EL gutes, gesegnetes (Quell)wasser

(ozonisiertes) kaltgepresstes Olivenöl (bzw. Öl nach eurer Wahl.)

Zubereitung:

Ihr gebt alles in euren Mixer oder auch in den Messbecher, wenn ihr den Stabmixer nehmt.

Zuerst gebt ihr etwa 3-4 EL des Öls vor dem ersten mixen mit hinein und dann lasst ihr nach und nach das Öl zulaufen, je nachdem, wie fest oder flüssig ihr das Pesto möchtet.

Zergeht quasi auf der Zunge und macht Lust auf mehr davon...

Danke schön, lieber Horvath!

32.) Elfe Lichtweiß Pesto: „Dunkelgrün"

3 EL Spirulina Pulver

50g Spinatblätter

7 Löwenzahnblätter

1 TL Steinsalz

15 grüne Oliven

5 schwarze Oliven

1 TL reiner Kakao- (oder Carobpulver)

2 EL gutes, gesegnetes (Quell)wasser

(ozonisiertes) kaltgepresstes Olivenöl (bzw. Öl nach eurer Wahl.)

Zubereitung:

Ihr gebt alles in euren Mixer oder auch in den Messbecher, wenn ihr den Stabmixer nehmt.

Zuerst gebt ihr etwa 3-4 EL des Öls vor dem ersten mixen mit hinein und dann lasst ihr nach und nach das Öl zulaufen, je nachdem, wie fest oder flüssig ihr das Pesto möchtet.

Nach und nach alles genussvoll miteinander verbinden.

Danke schön, liebe Elfe Lichtweiß! Nett, auch dich kennenzulernen!

33.) Zwerg Adalbert Pesto: „Für Karin"

1 Bund Petersilie

1 Prise schwarzer Pfeffer

1 TL Steinsalz oder Himalayasalz

1 Apfel (geschält und ohne Kerne)

7 Walnüsse

2 EL Tomatenmark

2 EL gutes, gesegnetes (Quell)wasser

(ozonisiertes) kaltgepresstes Olivenöl (bzw. Öl nach eurer Wahl.)

Zubereitung:

Ihr gebt alles in euren Mixer oder auch in den Messbecher, wenn ihr den Stabmixer nehmt.

Zuerst gebt ihr etwa 3-4 EL des Öls vor dem ersten mixen mit hinein und dann lasst ihr nach und nach das Öl zulaufen, je nachdem, wie fest oder flüssig ihr das Pesto möchtet.

Das ist ein Überraschungs-Pesto-Rezept für Karin. Ihr könnt es aber genauso gut benutzen und genießen!

Viel Freude damit!

Danke schön, lieber Adalbert! Karin freut sich bestimmt darüber!

34.) Zwerg Nimmersatt Pesto: „Für Verliebte!"

½ Bund Petersilie

½ Bund Basilikum

1 TL Steinsalz

1 Prise Kreuzkümmel

1 Prise Kümmel (gemahlen)

1 TL Bierhefe (oder Edelhefe)

5 EL Kokosmilch

1 EL gutes, gesegnetes (Quell)wasser

(ozonisiertes) kaltgepresstes Olivenöl (bzw. Öl nach eurer Wahl.)

Zubereitung:

Ihr gebt alles in euren Mixer oder auch in den Messbecher, wenn ihr den Stabmixer nehmt.

Zuerst gebt ihr etwa 3-4 EL des Öls vor dem ersten mixen mit hinein und dann lasst ihr nach und nach das Öl zulaufen, je nachdem, wie fest oder flüssig ihr das Pesto möchtet.

Ein „Must have" für Verliebte!

Danke schön, Nimmersatt!

35.) Gänseblümchen Beschützerwesen Elfe
Pesto: „Wiesenkraft"

20 Gänseblümchen (in Liebe gepflückt)

1 TK Steinsalz

12 Löwenzahnblätter

5 Schafgarbe Blätter

1 Prise Knoblauchpulver

1 Blatt vom Kopfsalat

2 EL gutes, gesegnetes (Quell)wasser

(ozonisiertes) kaltgepresstes Olivenöl (bzw. Öl nach eurer Wahl.)

Zubereitung:

Ihr gebt alles in euren Mixer oder auch in den Messbecher, wenn ihr den Stabmixer nehmt.

Zuerst gebt ihr etwa 3-4 EL des Öls vor dem ersten mixen mit hinein und dann lasst ihr nach und nach das Öl zulaufen, je nachdem, wie fest oder flüssig ihr das Pesto möchtet.

Ihr merkt, was auf heimischen Wiesen alles wächst!

Danke schön, liebes Beschützerwesen der Gänseblümchen.

Gerne geschehen, lieber Johannes!

36.) Nixe Sumalia Pesto: „süß und lecker!"

1 große vollreife Bio Banane (die Endstücke jeweils 1 cm wegschneiden)

7 Erdbeeren

½ Bund Petersilie

½ TL Steinsalz

7 Heidelbeeren

1/3 echte Vanille (aus der Schote)

2 EL gutes, gesegnetes (Quell)wasser

(ozonisiertes) kaltgepresstes Olivenöl (bzw. Öl nach eurer Wahl.)

Zubereitung:

Ihr gebt alles in euren Mixer oder auch in den Messbecher, wenn ihr den Stabmixer nehmt.

Zuerst gebt ihr etwa 3-4 EL des Öls vor dem ersten mixen mit hinein und dann lasst ihr nach und nach das Öl zulaufen, je nachdem, wie fest oder flüssig ihr das Pesto möchtet.

Sehr lecker und ideal als Brotaufstrich oder zu Waffeln und Pfannkuchen – natürlich alles vegan!

So ist es, liebe Sumalia. Kennen wir uns auch?

So ist es, lieber Johannes. Aus Schweden! -

Ah ja, danke schön fürs damalige Lotsen um die Klippen herum!

37.) Zwerg Wurzelbart Pesto: "Nussiges Allerlei"

2 Handvoll Cashewkerne

1 Handvoll Pistazien (ohne Schale, ungesalzen)

1 TL Ceylon Zimt

5 EL Kokosraspeln

1 Handvoll Walnüsse

½ Bund Petersilie

1 TL Steinsalz

2 EL gutes, gesegnetes (Quell)wasser

(ozonisiertes) kaltgepresstes Olivenöl (bzw. Öl nach eurer Wahl.)

Zubereitung:

Ihr gebt alles in euren Mixer oder auch in den Messbecher, wenn ihr den Stabmixer nehmt.

Zuerst gebt ihr etwa 3-4 EL des Öls vor dem ersten mixen mit hinein und dann lasst ihr nach und nach das Öl zulaufen, je nachdem, wie fest oder flüssig ihr das Pesto möchtet.

Sehr nussig mit vielen Kalorien, aber voller Kraft!

Ja, das glaub ich, gerne, lieber Wurzelbart! Vielen Dank für deine Mithilfe!

Liebend gerne, Johannes!

38.) Kleeblätterwichtel Pesto: „Grün ist grün"

1 Bund Basilikum

1 Tasse voll eingeweichte Mandeln

1 TL Steinsalz

1 Prise Cayennepfeffer

7 Blatt Liebstöckel

5 Löwenzahnblätter

¼ Bund Schnittlauch

1 Kleeblatt (liebevoll gepflückt, muss nicht vierblättrig sein)

3 EL gutes, gesegnetes (Quell)wasser

(ozonisiertes) kaltgepresstes Olivenöl (bzw. Öl nach eurer Wahl.)

Zubereitung:

Ihr gebt alles in euren Mixer oder auch in den Messbecher, wenn ihr den Stabmixer nehmt.

Zuerst gebt ihr etwa 3-4 EL des Öls vor dem ersten mixen mit hinein und dann lasst ihr nach und nach das Öl zulaufen, je nachdem, wie fest oder flüssig ihr das Pesto möchtet.

Mit Sinn für Humor wundervolles Pesto für euch, liebe Genießer!

Danke schön, liebes Kleeblattwesen, vielen Dank für deine Teilnahme! - Sehr gerne, lieber Johannes!

39.) Elfe Lilli Pesto „veganes Mayo Pesto"

50 ml Dinkelmilch (oder eine andere vegane Alternative wie z.B. Hafermilch)

½ TL einer Bio-Zitrone

1 TL mittelscharfer Senf

1 TL veganer Apfelessig

½ TL Steinsalz

1 EL gutes, gesegnetes (Quell)wasser

(ozonisiertes) kaltgepresstes Olivenöl (bzw. Öl nach eurer Wahl.)

Petersilie

Zubereitung:

Ihr gebt alles in euren Mixer oder auch in den Messbecher, wenn ihr den Stabmixer nehmt.

Dann gebt ihr das Öl mit hinein und lasst es solange zulaufen, bis es fest wird.

Danach gebt bitte nach und nach Petersilie mit einem Löffel in den vegane Mayo Pesto hinein.

Vielen Dank, liebe Lilli!

4.H.) Zwerg Bartelburg Pesto: „Spinat-Cashew Leckerlie"

50g Spinatblätter

50g Cashewnüsse

1 TL Steinsalz

1 Prise schwarzer Pfeffer

5 Löwenzahnblätter

1 Handvoll Alfalfa gekeimt

1 Prise Cayennepfeffer

2 EL gutes, gesegnetes (Quell)wasser

(ozonisiertes) kaltgepresstes Olivenöl (bzw. Öl nach eurer Wahl.)

Zubereitung:

Ihr gebt alles in euren Mixer oder auch in den Messbecher, wenn ihr den Stabmixer nehmt.

Zuerst gebt ihr etwa 3-4 EL des Öls vor dem ersten mixen mit hinein und dann lasst ihr nach und nach das Öl zulaufen, je nachdem, wie fest oder flüssig ihr das Pesto möchtet.

Es ist ein Genuss, dieses Pesto zu verkosten.

Ein veganer Genuss der leckeren Art!

Danke schön, Bartelburg! Schön, dass du mitmachst!

Natürlich, ist Ehrensache!

41.) Pan Pesto: „Gegensätze"

1 Bund Petersilie

1 Bund Basilikum

40g Walnüsse (oder andere Nüsse eurer Wahl)

1 TL Carob

2 Löwenzahnköpfe

1 TL mittelscharfer Senf

50g Heidelbeeren

1 TL Steinsalz

2 EL gutes, gesegnetes (Quell)wasser

(ozonisiertes) kaltgepresstes Olivenöl (bzw. Öl nach eurer Wahl.)

Zubereitung:

Ihr gebt alles in euren Mixer oder auch in den Messbecher, wenn ihr den Stabmixer nehmt.

Zuerst gebt ihr etwa 3-4 EL des Öls vor dem ersten mixen mit hinein und dann lasst ihr nach und nach das Öl zulaufen, je nachdem, wie fest oder flüssig ihr das Pesto möchtet.

Deses Pesto basiert auf den Gegensätzen, aber zusammen schmeckt es wunderbar!

Danke schön, lieber Pan für dieses weitere wunderbare Rezept!

42.) Wichtelmann Traudbert Pesto: „Es grünt so grün..."

1 Bund Basilikum

5 Blatt Liebstöckel

Eine Handvoll Spinatblätter

1 TL Steinsalz

1 Prise schwarzer Pfeffer

1 Handvoll Pistazien (ohne Kerne)

1 EL gutes, gesegnetes (Quell)wasser

(ozonisiertes) kaltgepresstes Olivenöl (bzw. Öl nach eurer Wahl.)

Zubereitung:

Ihr gebt alles in euren Mixer oder auch in den Messbecher, wenn ihr den Stabmixer nehmt.

Zuerst gebt ihr etwa 3-4 EL des Öls vor dem ersten mixen mit hinein und dann lasst ihr nach und nach das Öl zulaufen, je nachdem, wie fest oder flüssig ihr das Pesto möchtet.

Grüne Kraft mit viel Chlorophyll!

Danke schön, lieber Traudbert. Willkommen bei den Mithelfern für dieses vegane Pestobuch!

Gern, geschehen!!!

43.) Wichtelmann Baum-Bertl Pesto: „Knollig"

2 gekochte Kartoffeln mit Schale

1 Prise Sternanis

5 Kapern

7 EL Kokosmilch

1 Prise Pimpinelle

½ Bund Petersilie

1 TL Steinsalz

1 EL gutes, gesegnetes (Quell)wasser

(ozonisiertes) kaltgepresstes Olivenöl (bzw. Öl nach eurer Wahl.)

üubereitung:

Ihr gebt alles in euren Mixer oder auch in den Messbecher, wenn ihr den Stabmixer nehmt.

Zuerst gebt ihr etwa 3-4 EL des Öls vor dem ersten mixen mit hinein und dann lasst ihr nach und nach das Öl zulaufen, je nachdem, wie fest oder flüssig ihr das Pesto möchtet.

Schmeckt sehr lecker! Ideal, wenn es mehlige Kartoffeln sind.

Danke schön, lieber Baum-Bertl!

44.) Hutzlibub Pesto: „Resteverwertung Pesto Speciale"

Reis vom Vortag

1 TL Steinsalz

Paprikapulver

gefriergetrocknete Petersilie

3 EL gutes, gesegnetes (Quell)wasser

3 EL (ozonisiertes) kaltgepresstes Olivenöl (bzw. Öl nach eurer Wahl.)

Zubereitung:

Ihr gebt das Wasser und das Öl in euren Mixer oder auch in den Messbecher, wenn ihr den Stabmixer nehmt. Jetzt gebt ihr den Reis vom Vortag langsam dazu, während ihr mixt. Wenn es fester wird, kommt das Salz und Paprikapulver dazu, danach die gefriergetrocknete Petersilie. Jetzt nur noch die Konsistenz so wählen, wie ihr sie möchtet.

Oberlecker und als vegane Mayo, Brotaufstrich, für Pommes und für viele Sachen nutzbar!

Danke schön, lieber Hutzlibub!

45.) Baumwesen Pesto: „Peterle Kraftle"

1 Bund Petersilie (wird auch „Peterle" genannt)

5 EL Tomatenmark

1 TL Steinsalz

1 TL Leinsamensamen

2 Knoblauchzehen

1 Prise Rosmarin

3 EL zarte Haferflocken

1 Handvoll Cashewkerne

1 EL gutes, gesegnetes (Quell)wasser

(ozonisiertes) kaltgepresstes Olivenöl (bzw. Öl nach eurer Wahl.)

Zubereitung:

Ihr gebt alles in euren Mixer oder auch in den Messbecher, wenn ihr den Stabmixer nehmt.

Zuerst gebt ihr etwa 3-4 EL des Öls vor dem ersten mixen mit hinein und dann lasst ihr nach und nach das Öl zulaufen, je nachdem, wie fest oder flüssig ihr das Pesto möchtet.

Wenn ihr alles liebevoll mixt, wird die starke Kraft der Petersilie, genannt „Peterle" Power geben!

Danke schön, liebes Baumwesen!

Hab ich doch gerne gemacht!

46.) Hurtimann Pesto: „Für die liebe Ulli"

1 Bund Basilikum

1 TL Steinsalz oder Himalayasalz

1 Prise Ceylon Zimt

10 Macadamianüsse

1 EL Tomatenmark

3 Salbeiblätter

1 EL gutes, gesegnetes (Quell)wasser

(ozonisiertes) kaltgepresstes Olivenöl (bzw. Öl nach eurer Wahl.)

Zubereitung:

Ihr gebt alles in euren Mixer oder auch in den Messbecher, wenn ihr den Stabmixer nehmt.

Zuerst gebt ihr etwa 3-4 EL des Öls vor dem ersten mixen mit hinein und dann lasst ihr nach und nach das Öl zulaufen, je nachdem, wie fest oder flüssig ihr das Pesto möchtet.

Es ist eine Freude, ein Pesto-Rezept für die liebe Ulli zu kreieren und auch für die anderen Leser.

Danke schön, lieber Hurtimann!

Gerne, lieber Johannes!

47.) Zwerg Laubbertel Pesto: „Freundliches Miteinander"

70g Rucola Salat

1 TL Steinsalz

1 Prise schwarzer Pfeffer

1 Prise Bockshornkleesamen

10 schwarze Oliven

5 Löwenzahnköpfe

1 Prise Ceylon Zimt

1 EL gutes, gesegnetes (Quell)wasser

(ozonisiertes) kaltgepresstes Olivenöl (bzw. Öl nach eurer Wahl.)

Zubereitung:

Ihr gebt alles in euren Mixer oder auch in den Messbecher, wenn ihr den Stabmixer nehmt.

Zuerst gebt ihr etwa 3-4 EL des Öls vor dem ersten mixen mit hinein und dann lasst ihr nach und nach das Öl zulaufen, je nachdem, wie fest oder flüssig ihr das Pesto möchtet.

Dieses Miteinander ist in seiner Verbindung sehr lecker und ein Gaumenschmaus!

Danke schön, dass auch du mitmachst, lieber Laubbertel.

48.) Undine Maja Pesto: "Scharf und würzig"

1 Bund Schnittlauch

50g Lauch

¼ Zwiebel

1 Knoblauchzehe

1 TL Steinsalz

3 EL Kokosmilch

5 EL Tomatenmark

1 kleine Chillischote

3 EL gutes, gesegnetes (Quell)wasser

(ozonisiertes) kaltgepresstes Olivenöl (bzw. Öl nach eurer Wahl.)

Zubereitung:

Ihr gebt alles in euren Mixer oder auch in den Messbecher, wenn ihr den Stabmixer nehmt.

Zuerst gebt ihr etwa 3-4 EL des Öls vor dem ersten mixen mit hinein und dann lasst ihr nach und nach das Öl zulaufen, je nachdem, wie fest oder flüssig ihr das Pesto möchtet.

Beim Abschmecken müsst ihr mal probieren, ob es euch nicht zu scharf ist. Dann gebt bitte noch 1-2 EL Kokosmilch dazu.

Viel Freude mit dieser scharfen Leckerei!

Danke schön, liebe Maja! Klasse, dass du auch mitmachst!

49.) Dillbeschützerwesen Pesto: „dillig chillig"

1 Bund Dill

1 Bund Petersilie

1 TL Steinsalz

1 kleine Chillischote

¼ echte Vanille aus der Schote

1 EL gutes, gesegnetes (Quell)wasser

(ozonisiertes) kaltgepresstes Olivenöl (bzw. Öl nach eurer Wahl.)

Zubereitung:

Ihr gebt alles in euren Mixer oder auch in den Messbecher, wenn ihr den Stabmixer nehmt.

Zuerst gebt ihr etwa 3-4 EL des Öls vor dem ersten mixen mit hinein und dann lasst ihr nach und nach das Öl zulaufen, je nachdem, wie fest oder flüssig ihr das Pesto möchtet.

Scharf und gleichzeitig die Kraft des Dills. Sehr lecker!

Danke schön, lieber Dillbeschützer!

50.) Zwerg Bertelbart Pesto: „Rotes Etwas"

100ml Tomatensaft (ohne alles)

1 Bund Petersilie

1 EL Steinsalz

1 Prise Chillipulver

1 TL Paprikapulver

1 Knoblauchzehe

2 EL gutes, gesegnetes (Quell)wasser

(ozonisiertes) kaltgepresstes Olivenöl (bzw. Öl nach eurer Wahl.)

Zubereitung:

Ihr gebt alles in euren Mixer oder auch in den Messbecher, wenn ihr den Stabmixer nehmt.

Zuerst gebt ihr etwa 3-4 EL des Öls vor dem ersten mixen mit hinein und dann lasst ihr nach und nach das Öl zulaufen, je nachdem, wie fest oder flüssig ihr das Pesto möchtet.

Es ist ein roter Genuss und durch den Knoblauch wird das Ganze wunderbar abgerundet und bekommt das gewisse Etwas!

Danke schön, lieber Bertelbart, guter Freund und Mitbewohner hier!

Liebend gern, Johannes. Ich bin froh, mithelfen zu können!

51.) Feuerwesen Pesto: „Feurig scharf und nussig"

1 Bund Basilikum

1 TL Steinsalz

1 Chillischote

1 TL Ingwerpulver

1 Prise schwarzer Pfeffer (aus der Mühle)

1 Handvoll Cashewnüsse

1 Prise Curcuma

2 EL Kokosmilch

2 EL gutes, gesegnetes (Quell)wasser

(ozonisiertes) kaltgepresstes Olivenöl (bzw. Öl nach eurer Wahl.)

Zubereitung:

Ihr gebt alles in euren Mixer oder auch in den Messbecher, wenn ihr den Stabmixer nehmt.

Zuerst gebt ihr etwa 3-4 EL des Öls vor dem ersten mixen mit hinein und dann lasst ihr nach und nach das Öl zulaufen, je nachdem, wie fest oder flüssig ihr das Pesto möchtet.

Herrlich scharf und doch wundervoll nussig!

Danke schön, ihr lieben Feuerwesen. Habt eurem Namen alle Ehre gemacht!

52.) Undinen Pesto: „geheimnisvolle Köstlichkeit"

1 Bund Petersilie

1 Tropfen Tabasco

½ Mark der Vanilleschote

1 Prise Koriander

1 TL Steinsalz

2 EL gutes, gesegnetes (Quell)wasser

(ozonisiertes) kaltgepresstes Olivenöl (bzw. Öl nach eurer Wahl.)

Zubereitung:

Ihr gebt alles in euren Mixer oder auch in den Messbecher, wenn ihr den Stabmixer nehmt.

Zuerst gebt ihr etwa 3-4 EL des Öls vor dem ersten mixen mit hinein und dann lasst ihr nach und nach das Öl zulaufen, je nachdem, wie fest oder flüssig ihr das Pesto möchtet.

Der Geschmack ist super ungewöhnlich und eine reine Gaumenfreude!

Danke schön, ihr Lieben!

Es ist wirklich sehr zauberhaft!

53.) Einhorn Pesto: „Es kribbelt so schön"

1 Bund Petersilie

7 Macadamia Nüsse

1 TL Steinsalz

12 schwarze Oliven

1 Prise Cayennepfeffer

1 Knoblauchzehe

1g echter Safran

2 EL gutes, gesegnetes (Quell)wasser

(ozonisiertes) kaltgepresstes Olivenöl (bzw. Öl nach eurer Wahl.)

Zubereitung:

Ihr gebt alles in euren Mixer oder auch in den Messbecher, wenn ihr den Stabmixer nehmt.

Zuerst gebt ihr etwa 3-4 EL des Öls vor dem ersten mixen mit hinein und dann lasst ihr nach und nach das Öl zulaufen, je nachdem, wie fest oder flüssig ihr das Pesto möchtet.

Ja, es kribbelt sehr schön, wenn eure Geschmacksknospen noch intakt sind.

Danke schön, ihr lieben Einhörner dafür!

54.) Zwerg Adalbert Pesto: „Apfel-Chicoree Pesto"

60g Chicoree Salat

2 Äpfel (gut gereinigt, aufgeschnitten und die Kerne separat dazugegeben)

1 Tropfen Tabasco

1 TL Bierhefe (oder Edelhefe)

1 Messerspitze voll Muskatnuss

3 Blatt Brennnesseln (liebevoll gepflückt)

1 EL gutes, gesegnetes (Quell)wasser

(ozonisiertes) kaltgepresstes Olivenöl (bzw. Öl nach eurer Wahl.)

Zubereitung:

Ihr gebt alles in euren Mixer oder auch in den Messbecher, wenn ihr den Stabmixer nehmt.

Zuerst gebt ihr etwa 3-4 EL des Öls vor dem ersten mixen mit hinein und dann lasst ihr nach und nach das Öl zulaufen, je nachdem, wie fest oder flüssig ihr das Pesto möchtet.

Das Ganze schmeckt sehr ungewöhnlich, aber sehr lecker!!!

Danke schön, lieber Adalbert!

55.) Gnom Pesto: „Jamm Jamm"

1 Bund Basilikum

1 TL Steinsalz

1 TL Sanddornsaft

1 TL Kräuter der Provence

2 Lorbeerblätter

2 EL Kokosmilch

2 EL gutes, gesegnetes (Quell)wasser

(ozonisiertes) kaltgepresstes Olivenöl (bzw. Öl nach eurer Wahl.)

Zubereitung:

Ihr gebt alles in euren Mixer oder auch in den Messbecher, wenn ihr den Stabmixer nehmt.

Zuerst gebt ihr etwa 3-4 EL des Öls vor dem ersten mixen mit hinein und dann lasst ihr nach und nach das Öl zulaufen, je nachdem, wie fest oder flüssig ihr das Pesto möchtet.

Das Pesto ist sehr lecker und schmeckt nach mehr!

Danke schön, liebe Gnome, dass auch ihr wieder mitmacht an diesem Buch!

56.) Hanselmann Pesto: „urig und wild"

1 Bund Petersilie

5 Blatt Löwenzahn

3 Löwenzahnköpfe

3 Brennnesselblätter

1 TL Steinsalz

1/3 Salatgurke

2 Tropfen Tabasco

1 Prise Cayennepfeffer

2 EL gutes, gesegnetes (Quell)wasser

(ozonisiertes) kaltgepresstes Olivenöl (bzw. Öl nach eurer Wahl.)

Zubereitung:

Ihr gebt alles in euren Mixer oder auch in den Messbecher, wenn ihr den Stabmixer nehmt.

Zuerst gebt ihr etwa 3-4 EL des Öls vor dem ersten mixen mit hinein und dann lasst ihr nach und nach das Öl zulaufen, je nachdem, wie fest oder flüssig ihr das Pesto möchtet.

Ein uriges, aber auch feuriges Intermezzo!

Danke schön, lieber Hanselmann!

57.) Helmbert Pesto: „Lecker schmecker"

1 Bund Basilikum

7 Pfefferminzblätter

5 Gänseblümchen

1 TL Steinsalz

1 EL gutes, gesegnetes (Quell)wasser

(ozonisiertes) kaltgepresstes Olivenöl (bzw. Öl nach eurer Wahl.)

Zubereitung:

Ihr gebt alles in euren Mixer oder auch in den Messbecher, wenn ihr den Stabmixer nehmt.

Zuerst gebt ihr etwa 3-4 EL des Öls vor dem ersten mixen mit hinein und dann lasst ihr nach und nach das Öl zulaufen, je nachdem, wie fest oder flüssig ihr das Pesto möchtet.

Es ist ein Hochgenuss, ihr lieben Leser!

Vielen Dank, lieber Helmbert!

58.) Brunnenwichtel Wasserfried Pesto: „geht tief rein"

1 Handvoll Brunnenkresse

1 TL Steinsalz

1 TL Kerbel

7 Blatt Sauerampfer

1 Handvoll Bärlauch

3 EL gutes, gesegnetes (Quell)wasser

(ozonisiertes) kaltgepresstes Olivenöl (bzw. Öl nach eurer Wahl.)

Zubereitung:

Ihr gebt alles in euren Mixer oder auch in den Messbecher, wenn ihr den Stabmixer nehmt.

Zuerst gebt ihr etwa 3-4 EL des Öls vor dem ersten mixen mit hinein und dann lasst ihr nach und nach das Öl zulaufen, je nachdem, wie fest oder flüssig ihr das Pesto möchtet.

Ist ziemlich intensiv und sehr, sehr süffisant!

Sei herzlich gegrüßt, lieber Wasserfried! Schön, dass du auch ein veganes Pesto Rezept dazu steuerst.

Mache ich gerne. Ich hab noch ein zweites. Hier kommt es:

59.) Brunnenwichtel Wasserfried Pesto: „Gutes ist immer gut"

1 Bund Petersilie

1 Handvoll Brunnenkresse

12 Gänseblümchen

1 TL Steinsalz

1 EL Rosmarin

1 Prise Curcuma

2 EL gutes, gesegnetes (Quell)wasser

(ozonisiertes) kaltgepresstes Olivenöl (bzw. Öl nach eurer Wahl.)

Zubereitung:

Ihr gebt alles in euren Mixer oder auch in den Messbecher, wenn ihr den Stabmixer nehmt.

Zuerst gebt ihr etwa 3-4 EL des Öls vor dem ersten mixen mit hinein und dann lasst ihr nach und nach das Öl zulaufen, je nachdem, wie fest oder flüssig ihr das Pesto möchtet.

Auch mein zweites vegane Pesto Rezept ist sehr ungewöhnlich und fordert eure Geschmacksknospen heraus. Leckeres Gelingen!

Danke schön, lieber Wasserfried für diesen „Doppelpack"!

6n.) Lichtelfen Pesto: Kokosnuss Fenchel Pesto"

1 Bund Fenchel

9 EL Kokosmilch

7 TL Kokosraspeln

2 Tropfen Tabasco

1 Handvoll Pistazien (ohne Schale, ungesalzen)

1 TL Steinsalz

2 EL gutes, gesegnetes (Quell)wasser

(ozonisiertes) kaltgepresstes Olivenöl (bzw. Öl nach eurer Wahl.)

Zubereitung:

Ihr gebt alles in euren Mixer oder auch in den Messbecher, wenn ihr den Stabmixer nehmt.

Zuerst gebt ihr etwa 3-4 EL des Öls vor dem ersten mixen mit hinein und dann lasst ihr nach und nach das Öl zulaufen, je nachdem, wie fest oder flüssig ihr das Pesto möchtet.

Ihr werdet überrascht sein, wie köstlich dieses Pesto mundet.

Ja, in der Tat, es stimmt, ihr lieben Lichtelfen.

Vielen Dank dafür!

61.) Baumelfen Pesto: „Einfach köstlich!"

70g Rucola Salat

1,5 TL Steinsalz

1 Prise Kalmuswurzel

8 Kapern

2 TL Zitronensaft

1 Prise Sternanis

1 TL Oregano

3 EL gutes, gesegnetes (Quell)wasser

(ozonisiertes) kaltgepresstes Olivenöl (bzw. Öl nach eurer Wahl.)

Zubereitung:

Ihr gebt alles in euren Mixer oder auch in den Messbecher, wenn ihr den Stabmixer nehmt.

Zuerst gebt ihr etwa 3-4 EL des Öls vor dem ersten mixen mit hinein und dann lasst ihr nach und nach das Öl zulaufen, je nachdem, wie fest oder flüssig ihr das Pesto möchtet.

Sehr, sehr lecker und vollmundig!

Ja, das kann ich gerne so weitergeben, liebe Baumelfen!

Danke schön für eure Unterstützung!

62.) Waldnymphen Pesto: „moosfarben"

1 Bund Basilikum

5 EL Bio Cornflakes

3 TL mittelscharfer Senf

15 schwarze Oliven

5 grüne Oliven

4 EL Kokosmilch

1 TL Steinsalz

2 EL gutes, gesegnetes (Quell)wasser

(ozonisiertes) kaltgepresstes Olivenöl (bzw. Öl nach eurer Wahl.)

Zubereitung:

Ihr gebt alles in euren Mixer oder auch in den Messbecher, wenn ihr den Stabmixer nehmt.

Zuerst gebt ihr etwa 3-4 EL des Öls vor dem ersten mixen mit hinein und dann lasst ihr nach und nach das Öl zulaufen, je nachdem, wie fest oder flüssig ihr das Pesto möchtet.

Wenn ihr es etwas heller und milder möchtet, so gebt noch 1 bis 2 EL Kokosmilch hinzu. Ansonsten jetzt schon einmal: Guten Appetit!

Ja, das finden wir auch. Vielen Dank, ihr lieben Waldnymphen!

63.) Baumnymphen Pesto: „rotes Inferno"

50 ml Tomatensaft (ohne alles)

10 Blatt Liebstöckel

1 Chillischote

3 Knoblauchzehen

1 TL Steinsalz

1 Prise Cayennepfeffer

1 Prise Kalmuswurzel

1 Prise Guarana

3 EL gutes, gesegnetes (Quell)wasser

(ozonisiertes) kaltgepresstes Olivenöl (bzw. Öl nach eurer Wahl.)

Zubereitung:

Ihr gebt alles in euren Mixer oder auch in den Messbecher, wenn ihr den Stabmixer nehmt.

Zuerst gebt ihr etwa 3-4 EL des Öls vor dem ersten mixen mit hinein und dann lasst ihr nach und nach das Öl zulaufen, je nachdem, wie fest oder flüssig ihr das Pesto möchtet.

Sehr feurig und scharf!

Danke schön, ihr lieben Baumnymphen!

64.) Gnom Pesto: „Auf Trab bringen"

1 Bund Petersilie

3 Tropfen Tabasco

1 TL Steinsalz

1 Chilli Schote

5-7 EL Kokosmilch (von 5 auf 7 erhöhen, wenn es zu scharf ist)

10 Heidelbeeren

1 EL Aloe Vera

2 EL gutes, gesegnetes (Quell)wasser

(ozonisiertes) kaltgepresstes Olivenöl (bzw. Öl nach eurer Wahl.)

Zubereitung:

Ihr gebt alles in euren Mixer oder auch in den Messbecher, wenn ihr den Stabmixer nehmt.

Zuerst gebt ihr etwa 3-4 EL des Öls vor dem ersten mixen mit hinein und dann lasst ihr nach und nach das Öl zulaufen, je nachdem, wie fest oder flüssig ihr das Pesto möchtet.

Sehr scharf und heftig! Bringt einen sehr schnell auf Trab! Ist ideal für Nudeln, die ohne Gewürze serviert werden. Das Pesto ist so ideal dafür!

Uiuiui! Wirklich! Der Hammer! Super feurig! Bringt einen gut auf Trab!

65.) Bergkobold Pesto: „Schnell und süffig"

1 Bund Basilikum

1 TL Steinsalz

1 EL Leinsamen

½ TL Schwarzkümmelsamen

1 TL Carob (oder reines Kakaopulver)

1/3 echte Vanille aus der Schotte

1 Prise Ceylon Zimt

1 EL gutes, gesegnetes (Quell)wasser

(ozonisiertes) kaltgepresstes Olivenöl (bzw. Öl nach eurer Wahl.)

Zubereitung:

Ihr gebt alles in euren Mixer oder auch in den Messbecher, wenn ihr den Stabmixer nehmt.

Zuerst gebt ihr etwa 3-4 EL des Öls vor dem ersten mixen mit hinein und dann lasst ihr nach und nach das Öl zulaufen, je nachdem, wie fest oder flüssig ihr das Pesto möchtet.

Geht sehr schnell und verlangt nach mehr!

Danke schön, ihr lieben Bergkobolde!

66.) Pan Pesto: „Mit viel Kümmel"

1 Bund Basilikum

1 TL Schwarzkümmelsamen

1 TL Kümmelpulver

1 TL Sternanis

5 Blatt Liebstöckel

1 TL Steinsalz

1 Knoblauchzehe

5 Brennnesselblätter (bitte liebevoll pflücken)

2 EL gutes, gesegnetes (Quell)wasser

(ozonisiertes) kaltgepresstes Olivenöl (bzw. Öl nach eurer Wahl.)

Zubereitung:

Ihr gebt alles in euren Mixer oder auch in den Messbecher, wenn ihr den Stabmixer nehmt.

Zuerst gebt ihr etwa 3-4 EL des Öls vor dem ersten mixen mit hinein und dann lasst ihr nach und nach das Öl zulaufen, je nachdem, wie fest oder flüssig ihr das Pesto möchtet.

Dieses Pesto ist sehr gut für Magen, Darm und Reinigung des ganzen Körpers – und sehr lecker!

Vielen Dank, lieber Pan für ein weiteres Pest-Rezept!

67.) Friedensdeva Pesto: „Es geht uns gut"

1 Bund Petersilie

1 Hand voll Cashewkerne

2 Kartoffeln (mittelgroß ohne Schale)

1 TL Kerbel

1,5 TL Steinsalz

1 Prise Guarana

1 TL Thymian

3 EL Tomatenmark

1 EL gutes, gesegnetes (Quell)wasser

(ozonisiertes) kaltgepresstes Olivenöl (bzw. Öl nach eurer Wahl.)

Zubereitung:

Ihr gebt alles in euren Mixer oder auch in den Messbecher, wenn ihr den Stabmixer nehmt.

Zuerst gebt ihr etwa 3-4 EL des Öls vor dem ersten mixen mit hinein und dann lasst ihr nach und nach das Öl zulaufen, je nachdem, wie fest oder flüssig ihr das Pesto möchtet.

Ein sehr leckeres und doch ungewöhnliches Pesto.

Vielen Dank, liebe Friedensdeva!

68.) Mutzlibub Pesto: „Urlaubsgefühle"

1 Bund Dill

9 EL Kokosmilch

5 EL Rote Beete Saft (ohne alles)

1 TL Salbeipulver

1 TL Steinsalz

1 reife Banane (bitte immer die Endstücke 1-2 cm abschneiden und nicht mit ins Pesto geben)

1 EL gutes, gesegnetes (Quell)wasser

(ozonisiertes) kaltgepresstes Olivenöl (bzw. Öl nach eurer Wahl.)

Zubereitung:

Ihr gebt alles in euren Mixer oder auch in den Messbecher, wenn ihr den Stabmixer nehmt.

Zuerst gebt ihr etwa 3-4 EL des Öls vor dem ersten mixen mit hinein und dann lasst ihr nach und nach das Öl zulaufen, je nachdem, wie fest oder flüssig ihr das Pesto möchtet.

Hmmmh, lecker!!!

Eine interessante Mischung die begeistert!

Vielen Dank für ein weiteres schönes Pesto Rezept von dir!

Wieder einmal liebend gern, lieber Johannes!

69.) Deva Pesto: „Spinat - Lorbeer Pesto"

70g Spinatblätter

4 Lorbeerblätter

1 TL Steinsalz

3 Brennnesselblätter

1 Prise Kümmel

2 EL Haferflocken

2 EL gutes, gesegnetes (Quell)wasser

(ozonisiertes) kaltgepresstes Olivenöl (bzw. Öl nach eurer Wahl.)

Zubereitung:

Ihr gebt alles in euren Mixer oder auch in den Messbecher, wenn ihr den Stabmixer nehmt.

Zuerst gebt ihr etwa 3-4 EL des Öls vor dem ersten mixen mit hinein und dann lasst ihr nach und nach das Öl zulaufen, je nachdem, wie fest oder flüssig ihr das Pesto möchtet.

Schmeckt sehr würzig und intensiv und lässt eure Gaumen zum Lächeln bringen.

Auch dafür vielen Dank liebe Deva!

71.) Undinen Pesto: „sehr sanft und süß"

1 Bund Petersilie

12 EL Kokosmilch

50g Kokosraspeln

1 EL Ahornsirup

1 TL Kakaopulver (reinen ohne Zusätze)

1 TL Steinsalz

1 TL Ceylon Zimt

1 EL gutes, gesegnetes (Quell)wasser

(ozonisiertes) kaltgepresstes Olivenöl (bzw. Öl nach eurer Wahl.)

Zubereitung:

Ihr gebt alles in euren Mixer oder auch in den Messbecher, wenn ihr den Stabmixer nehmt.

Zuerst gebt ihr etwa 3-4 EL des Öls vor dem ersten mixen mit hinein und dann lasst ihr nach und nach das Öl zulaufen, je nachdem, wie fest oder flüssig ihr das Pesto möchtet.

Es schmeckt lecker und ist ideal als Brotaufstrich oder zu veganen Crêpes, Pfannkuchen etc.

Ja, vielen Dank ihr lieben Undinen. Süße Pestos sind auch immer wieder eine Augenweide – auch für die Geschmacksknospen!

71.) Adalbert Pesto: „Für Johannes"

1 Bund Petersilie

1 Tropfen Tabasco

1 Prise Ceylon Zimt

1 Handvoll Cashewkerne

1 TL Steinsalz

2 TL mittelscharfer Senf

5 EL Kokosmilch

3 EL Kokosraspeln

2 EL gutes, gesegnetes (Quell)wasser

(ozonisiertes) kaltgepresstes Olivenöl (bzw. Öl nach eurer Wahl.)

Zubereitung:

Ihr gebt alles in euren Mixer oder auch in den Messbecher, wenn ihr den Stabmixer nehmt.

Zuerst gebt ihr etwa 3-4 EL des Öls vor dem ersten mixen mit hinein und dann lasst ihr nach und nach das Öl zulaufen, je nachdem, wie fest oder flüssig ihr das Pesto möchtet.

Extra für dich, lieber Johannes!

Vielen lieben Dank, lieber Adalbert! Ja, es schmeckt vorzüglich!

(Ideal für Naschmäuler!)

72.) Baumwesen Pesto: „Spirulina - Auberginen Pesto"

1 Bund Brennnesseln (etwa 70g)

2 EL Bierhefe (bzw. Edelhefe)

1 TL Steinsalz

2 EL Spirulina-Pulver)

50g Auberginen

7 EL Tomatenmark

2 EL gutes, gesegnetes (Quell)wasser

(ozonisiertes) kaltgepresstes Olivenöl (bzw. Öl nach eurer Wahl.)

Zubereitung:

Ihr gebt alles in euren Mixer oder auch in den Messbecher, wenn ihr den Stabmixer nehmt.

Zuerst gebt ihr etwa 3-4 EL des Öls vor dem ersten mixen mit hinein und dann lasst ihr nach und nach das Öl zulaufen, je nachdem, wie fest oder flüssig ihr das Pesto möchtet.

Ist nicht jedermanns Sache, aber sehr gesund. Probiert es doch einmal aus, es schmeckt besser, als es klingt!

Das kann ich bestätigen, sehr lecker! Danke schön!

73.) Beschützer des Grundstücks Pesto: „Grün ist Leben!"

1 Bund Petersilie

20g Lauch

10 Walnusskerne

1 Prise Guarana

1 TL Steinsalz

5 Blatt Spinat

1 EL gutes, gesegnetes (Quell)wasser

(ozonisiertes) kaltgepresstes Olivenöl (bzw. Öl nach eurer Wahl.)

Zubereitung:

Ihr gebt alles in euren Mixer oder auch in den Messbecher, wenn ihr den Stabmixer nehmt.

Zuerst gebt ihr etwa 3-4 EL des Öls vor dem ersten mixen mit hinein und dann lasst ihr nach und nach das Öl zulaufen, je nachdem, wie fest oder flüssig ihr das Pesto möchtet.

Sehr gesund und sehr interessant vom Geschmack her!

Vielen Dank, lieber Freund!

74.) Heinzelmännchen Pesto: „Horch was kommt von draußen rein"

1 halben Chicorée Salat

5 Gänseblümchen

3 Salbeiblätter

1 Prise Majoran

1 TL Steinsalz

¼ Zwiebel

7 Heidelbeeren

2 EL gutes, gesegnetes (Quell)wasser

(ozonisiertes) kaltgepresstes Olivenöl (bzw. Öl nach eurer Wahl.)

Zubereitung:

Ihr gebt alles in euren Mixer oder auch in den Messbecher, wenn ihr den Stabmixer nehmt.

Zuerst gebt ihr etwa 3-4 EL des Öls vor dem ersten mixen mit hinein und dann lasst ihr nach und nach das Öl zulaufen, je nachdem, wie fest oder flüssig ihr das Pesto möchtet.

Es macht neugierig, nicht wahr? Daher auch der Titel!

Ah ja, interessant! Es schmeckt klasse! Danke schön dafür!

75.) Bertelbart Pesto: „Guarana – Bärlauch – Rosmarin Leckerlie"

70g Bärlauch

1 TL Steinsalz

½ TL Bockshornkleesamen

1 Handvoll Kresse

1 Prise Guarana

1 TL Rosmarin

1 EL gutes, gesegnetes (Quell)wasser

(ozonisiertes) kaltgepresstes Olivenöl (bzw. Öl nach eurer Wahl.)

Zubereitung:

Ihr gebt alles in euren Mixer oder auch in den Messbecher, wenn ihr den Stabmixer nehmt.

Zuerst gebt ihr etwa 3-4 EL des Öls vor dem ersten mixen mit hinein und dann lasst ihr nach und nach das Öl zulaufen, je nachdem, wie fest oder flüssig ihr das Pesto möchtet.

Gesund und lecker! Ihr könnt auch Bärlauch immer einfrieren und so habt ihr immer welchen da. Bärlauch ist sehr gesund!

Ja, das stimmt! Wir haben auch Bärlauch in dem Gefrierschrank. Danke schön für dieses Rezept!

76.) Hurtimann Pesto „Möhren-Chlorella Pesto"

1 Bund Petersilie

1 TL Steinsalz

2 TL Chlorella Algen Pulver

5 EL Möhrensaft (ohne alles)

1 Handvoll Sonnenblumenkerne

1 Prise schwarzer Pfeffer

1 TL Rosmarin

2 EL gutes, gesegnetes (Quell)wasser

(ozonisiertes) kaltgepresstes Olivenöl (bzw. Öl nach eurer Wahl.)

Zubereitung:

Ihr gebt alles in euren Mixer oder auch in den Messbecher, wenn ihr den Stabmixer nehmt.

Zuerst gebt ihr etwa 3-4 EL des Öls vor dem ersten mixen mit hinein und dann lasst ihr nach und nach das Öl zulaufen, je nachdem, wie fest oder flüssig ihr das Pesto möchtet.

Auch ein sehr interessantes Pesto der ungewöhnlichen Art, finde ich!

Vielen Dank, lieber Hurtimann!

77.) Elfen Pesto:
„Himmlisches Szenario"

100g Kokosraspeln

1 Prise schwarzer Pfeffer

1 TL Steinsalz

7 EL Kokosmilch

40g Heidelbeeren

9 Macadamia Nüsse

1 EL gutes, gesegnetes (Quell)wasser

(ozonisiertes) kaltgepresstes Olivenöl (bzw. Öl nach eurer Wahl.)

Zubereitung:

Ihr gebt alles in euren Mixer oder auch in den Messbecher, wenn ihr den Stabmixer nehmt.

Zuerst gebt ihr etwa 3-4 EL des Öls vor dem ersten mixen mit hinein und dann lasst ihr nach und nach das Öl zulaufen, je nachdem, wie fest oder flüssig ihr das Pesto möchtet.

Lecker und sehr süffisant! Vorsicht: Man kann kaum noch aufhören, es zu essen!

Ja, in der Tat, ihr lieben Elfen! Wunderbar!

78.) Löwenzahn Beschützerwesen Pesto: „Löwenzahn-Brennnessel Pesto"

3 Löwenzahnköpfe

5 Löwenzahnblätter

7 Brennnessel Blätter

1 Bund Basilikum

1 EL Tomatenmark

1 TL Steinsalz

1 EL gutes, gesegnetes (Quell)wasser

(ozonisiertes) kaltgepresstes Olivenöl (bzw. Öl nach eurer Wahl.)

Zubereitung:

Ihr gebt alles in euren Mixer oder auch in den Messbecher, wenn ihr den Stabmixer nehmt.

Zuerst gebt ihr etwa 3-4 EL des Öls vor dem ersten mixen mit hinein und dann lasst ihr nach und nach das Öl zulaufen, je nachdem, wie fest oder flüssig ihr das Pesto möchtet.

Oh, wie schön ist es doch natürliches Pesto zu kredenzen...

Ja, in der Tat! Vielen Dank, du liebes Löwenzahn Beschützerwesen!

79.) Bertelbart Pesto: „Birnen - Apfel-Rosmarin Pesto"

20g Rosmarin

1 Birne (geschält – ohne Innenleben)

1 Apfel (geschält – ohne Innenleben, die Kerne aber getrennt hinzugeben)

1 Prise Sternanis

6 Blätter Liebstöckel

1 TL Steinsalz

1 EL gutes, gesegnetes (Quell)wasser

(ozonisiertes) kaltgepresstes Olivenöl (bzw. Öl nach eurer Wahl.)

Zubereitung:

Ihr gebt alles in euren Mixer oder auch in den Messbecher, wenn ihr den Stabmixer nehmt.

Zuerst gebt ihr etwa 3-4 EL des Öls vor dem ersten mixen mit hinein und dann lasst ihr nach und nach das Öl zulaufen, je nachdem, wie fest oder flüssig ihr das Pesto möchtet.

Auch hier gibt es eine Besonderheit! Ein Leckerli, dass besonders leicht herzustellen ist.

In der Tat, lieber Bertelbart, in der Tat!

Danke schön dafür!

gii.) Barnabas Pesto: „Himbeeren – Heidelbeeren – Spinat Pesto"

½ Bund Petersilie

60g Spinatblätter

100g Heidelbeeren

30g Himbeeren

1 TL Steinsalz

1 EL gutes, gesegnetes (Quell)wasser

(ozonisiertes) kaltgepresstes Olivenöl (bzw. Öl nach eurer Wahl.)

Zubereitung:

Ihr gebt alles in euren Mixer oder auch in den Messbecher, wenn ihr den Stabmixer nehmt.

Zuerst gebt ihr etwa 3-4 EL des Öls vor dem ersten mixen mit hinein und dann lasst ihr nach und nach das Öl zulaufen, je nachdem, wie fest oder flüssig ihr das Pesto möchtet.

Es hört sich ungewöhnlich an, aber es ist eine wunderbare Komponente, die die Geschmacksnerven herausfordert!

Vielen Dank lieber Barnabas dafür!

81.) Feuerwesen Pesto: „Brokkoli Knoblauch Pesto"

70g Brokkoli (gedämpft worden in heißem Wasser)

3 Knoblauchzehen

1 TL Steinsalz

1 TL Leinsamen

½ echte Vanille aus der Schote

5 Bärlauch Blätter

1 EL gutes, gesegnetes (Quell)wasser

(ozonisiertes) kaltgepresstes Olivenöl (bzw. Öl nach eurer Wahl.)

Zubereitung:

Ihr gebt alles in euren Mixer oder auch in den Messbecher, wenn ihr den Stabmixer nehmt.

Zuerst gebt ihr etwa 3-4 EL des Öls vor dem ersten mixen mit hinein und dann lasst ihr nach und nach das Öl zulaufen, je nachdem, wie fest oder flüssig ihr das Pesto möchtet.

Dieses vegane Pesto ist ein Gaumenschmaus erster Güte!

Gegebenenfalls etwas mehr Steinsalz hinzugeben, wenn es euch nicht reicht!

Ja, super Rezept, liebe Feuerwesen! Vielen Dank!

92.) Pegasus Pesto: „Für Fluffy"

100g Rucola Salat

1 TL Steinsalz

5 EL Tomatenmark

1 Handvoll Mandeln (vorher eingeweicht worden)

5 Löwenzahnköpfe

1 EL gutes, gesegnetes (Quell)wasser

(ozonisiertes) kaltgepresstes Olivenöl (bzw. Öl nach eurer Wahl.)

Zubereitung:

Ihr gebt alles in euren Mixer oder auch in den Messbecher, wenn ihr den Stabmixer nehmt.

Zuerst gebt ihr etwa 3-4 EL des Öls vor dem ersten mixen mit hinein und dann lasst ihr nach und nach das Öl zulaufen, je nachdem, wie fest oder flüssig ihr das Pesto möchtet.

Komponiert habe ich dieses vegane Pesto Rezept für die liebe Fluffy, aber es wird euch anderen bestimmt genau schmecken!

Vielen Dank, Pegasus! Klasse!

83.) Sylphen Pesto: „fliegende Schönheit"

1 Bund Dill

1 TL Steinsalz

1 Handvoll gekeimtes Alfalfa

1 TL Kakao (reiner, ohne Zutaten)

20 Gänseblümchen

1 EL Bierhefe (bzw. Edelhefe)

1 Prise Ingwer Pulver

1 EL gutes, gesegnetes (Quell)wasser

(ozonisiertes) kaltgepresstes Olivenöl (bzw. Öl nach eurer Wahl.)

Zubereitung:

Ihr gebt alles in euren Mixer oder auch in den Messbecher, wenn ihr den Stabmixer nehmt.

Zuerst gebt ihr etwa 3-4 EL des Öls vor dem ersten mixen mit hinein und dann lasst ihr nach und nach das Öl zulaufen, je nachdem, wie fest oder flüssig ihr das Pesto möchtet.

Ja, dieses Pesto kann einen fast abheben lassen!

Schön, ihr lieben Sylphen! Danke schön dafür!

84.) Hutzlibub Pesto: „Kräuter der Provence Pesto"

3 TL Kräuter der Provence

1 Prise Kreuzkümmel

1 Prise Schwarzkümmelsamen

5 Blatt Liebstöckel

1 TL Steinsalz

½ Bund Petersilie

2 EL gutes, gesegnetes (Quell)wasser

(ozonisiertes) kaltgepresstes Olivenöl (bzw. Öl nach eurer Wahl.)

Zubereitung:

Ihr gebt alles in euren Mixer oder auch in den Messbecher, wenn ihr den Stabmixer nehmt.

Zuerst gebt ihr etwa 3-4 EL des Öls vor dem ersten mixen mit hinein und dann lasst ihr nach und nach das Öl zulaufen, je nachdem, wie fest oder flüssig ihr das Pesto möchtet.

Ich habe hier ein Pesto Rezept zusammengestellt, dass es so noch nie gab und wunderbar riecht...

Und schmeckt... Danke, Hutzlibub!

85.) Hartlbert Pesto: „Und es geht voran..."

1 Handvoll Heidelbeeren

5 Blatt Sauerampfer

1/3 Bund Basilikum

1 Tropfen Schwarzkümmelöl (bzw. ½ TL Schwarzkümmelsamen)

2 Knoblauchzehen

1 TL Steinsalz

2 EL gutes, gesegnetes (Quell)wasser

(ozonisiertes) kaltgepresstes Olivenöl (bzw. Öl nach eurer Wahl.)

Zubereitung:

Ihr gebt alles in euren Mixer oder auch in den Messbecher, wenn ihr den Stabmixer nehmt.

Zuerst gebt ihr etwa 3-4 EL des Öls vor dem ersten mixen mit hinein und dann lasst ihr nach und nach das Öl zulaufen, je nachdem, wie fest oder flüssig ihr das Pesto möchtet.

Es ist sehr lecker!

Ja, es ist in der Tat lecker, aber auch so schnell herzustellen! Klasse!

86.) Faun Pesto: „In der Natur gefunden"

70g Brennnesselblätter

7 Löwenzahnköpfe

7 Löwenzahnblätter

1 TL Steinsalz

1 große Tomate

7 Koriandersamen

1 EL gutes, gesegnetes (Quell)wasser

(ozonisiertes) kaltgepresstes Olivenöl (bzw. Öl nach eurer Wahl.)

Zubereitung:

Ihr gebt alles in euren Mixer oder auch in den Messbecher, wenn ihr den Stabmixer nehmt.

Zuerst gebt ihr etwa 3-4 EL des Öls vor dem ersten mixen mit hinein und dann lasst ihr nach und nach das Öl zulaufen, je nachdem, wie fest oder flüssig ihr das Pesto möchtet.

Was es alles aus der Natur gibt...

Und es schmeckt auch noch lecker und ist gesund...

So ist es, ihr lieben Faune! Danke dafür!

87.) Nymphen Pesto: „Gurke-Bärlauch-Chilli"

1 Bund Bärlauch (etwa 50g)

1 TL Steinsalz

1 Prise Kalmuswurzel

1/3 Salatgurke

1 Chillischote

1 EL gutes, gesegnetes (Quell)wasser

(ozonisiertes) kaltgepresstes Olivenöl (bzw. Öl nach eurer Wahl.)

Zubereitung:

Ihr gebt alles in euren Mixer oder auch in den Messbecher, wenn ihr den Stabmixer nehmt.

Zuerst gebt ihr etwa 3-4 EL des Öls vor dem ersten mixen mit hinein und dann lasst ihr nach und nach das Öl zulaufen, je nachdem, wie fest oder flüssig ihr das Pesto möchtet.

Ein sehr ungewöhnlicher Pesto-Mix, der sehr lecker schmeckt und Energie spendet.

Vielen Dank, ihr lieben Nymphen!!!

88.) Zwerg Bert-ram Pesto: „Pesto mit Keimen"

1 Handvoll gekeimte Alfalfa Sprossen

1 Handvoll Rosinen

7 Löwenzahn Köpfe

1 TL Carob oder reines Kakaopulver

1 TL Steinsalz

1 Prise Bertrampulver (Hildegard von Bingen Gewürz)

1 TL Schwarzkümmelsamen

2 EL gutes, gesegnetes (Quell)wasser

(ozonisiertes) kaltgepresstes Olivenöl (bzw. Öl nach eurer Wahl.)

Zubereitung:

Ihr gebt alles in euren Mixer oder auch in den Messbecher, wenn ihr den Stabmixer nehmt.

Zuerst gebt ihr etwa 3-4 EL des Öls vor dem ersten mixen mit hinein und dann lasst ihr nach und nach das Öl zulaufen, je nachdem, wie fest oder flüssig ihr das Pesto möchtet.

89.) Sonnenblumenfee Pesto: „Sonniges Gemüt"

½ Bund Petersilie

2 Handvoll Sonnenblumenkerne

1 Handvoll Pistazien

1 Prise Guarana

1 TL Steinsalz

1 TL Koriandersamen

2 EL gutes, gesegnetes (Quell)wasser

(ozonisiertes) kaltgepresstes Olivenöl (bzw. Öl nach eurer Wahl.)

Zubereitung:

Ihr gebt alles in euren Mixer oder auch in den Messbecher, wenn ihr den Stabmixer nehmt.

Zuerst gebt ihr etwa 3-4 EL des Öls vor dem ersten mixen mit hinein und dann lasst ihr nach und nach das Öl zulaufen, je nachdem, wie fest oder flüssig ihr das Pesto möchtet.

Etwas für ein sonniges Gemüt!

Oh wie wahr, ihr Lieben!

9tt.) Hutzlibub Pesto: „knusprig nussig lecker!"

½ Bund Basilikum

10 Macadamianüsse

2 Handvoll Bio Cornflakes (genfrei)

1 TL Sternanis

1 TL Spirulinapulver

1 EL gutes, gesegnetes (Quell)wasser

(ozonisiertes) kaltgepresstes Olivenöl (bzw. Öl nach eurer Wahl.)

Zubereitung:

Ihr gebt alles in euren Mixer oder auch in den Messbecher, wenn ihr den Stabmixer nehmt.

Zuerst gebt ihr etwa 3-4 EL des Öls vor dem ersten mixen mit hinein und dann lasst ihr nach und nach das Öl zulaufen, je nachdem, wie fest oder flüssig ihr das Pesto möchtet.

So, ihr Lieben! Hier habt ihr eines der Rezepte, die wir so gerne getestet hatten und begeistert waren.

So ist es, lieber Hutzlibub!

91.) Undinen Pesto: „mit Pfeffer und Chilli"

1 Bund Petersilie

2 Knoblauchzehen

1 Chillischote

1 EL Edelhefe (oder Bierhefe)

1 große Prise schwarzer Pfeffer aus der Mühle

1 EL Pastinakenpulver

1 TK Steinsalz (oder Himalayasalz)

1 EL gutes, gesegnetes (Quell)wasser

(ozonisiertes) kaltgepresstes Olivenöl (bzw. Öl nach eurer Wahl.)

Zubereitung:

Ihr gebt alles in euren Mixer oder auch in den Messbecher, wenn ihr den Stabmixer nehmt.

Zuerst gebt ihr etwa 3-4 EL des Öls vor dem ersten mixen mit hinein und dann lasst ihr nach und nach das Öl zulaufen, je nachdem, wie fest oder flüssig ihr das Pesto möchtet.

Sehr hot und spicy...

Ich verstehe ja englisch... Hört sich aber gut an, der Satz...

Ja, es war mehr als Herausforderung gedacht, lieber Johannes.

Verstehe! Danke schön dafür!

92.) Barnabas Pesto: „rotes Feuer"

10 schwarze Oliven

1 Chillischote

1 Prise schwarzer Pfeffer

7 EL Tomatenmark

1 TL Steinsalz

1 TL Paprikapulver

1 EL Kokosmilch

2 EL gutes, gesegnetes (Quell)wasser

(ozonisiertes) kaltgepresstes Olivenöl (bzw. Öl nach eurer Wahl.)

Zubereitung:

Ihr gebt alles in euren Mixer oder auch in den Messbecher, wenn ihr den Stabmixer nehmt.

Zuerst gebt ihr etwa 3-4 EL des Öls vor dem ersten mixen mit hinein und dann lasst ihr nach und nach das Öl zulaufen, je nachdem, wie fest oder flüssig ihr das Pesto möchtet.

Sehr feurig und scharf. Bei Bedarf sollte die Kokosmilch-Zugabe erhöht werden, wenn es zu feurig ist.

In der Tat sehr feurig!!!

Danke schön, lieber Barnabas.

93.) Zwiebel Deva Pesto: „Nur für Hartgesonnene"

1 Bund Petersilie

1 Zwiebel (kleingehackt)

5 Knoblauchzehen

1 TL Steinsalz

5 EL Kokosmilch

1 Prise Kreuzkümmel

1 EL gutes, gesegnetes (Quell)wasser

(ozonisiertes) kaltgepresstes Olivenöl (bzw. Öl nach eurer Wahl.)

Zubereitung:

Ihr gebt alles in euren Mixer oder auch in den Messbecher, wenn ihr den Stabmixer nehmt.

Zuerst gebt ihr etwa 3-4 EL des Öls vor dem ersten mixen mit hinein und dann lasst ihr nach und nach das Öl zulaufen, je nachdem, wie fest oder flüssig ihr das Pesto möchtet.

Sehr scharf und heftig! Ideal, wenn man mal etwas schärfer essen möchte!

Danke schön, liebe Zwiebel Deva! Heftiger Tobak!

94.) Einhorn Pesto: „Erdnuss – Rosmarin Pesto"

½ Bund Basilikum

15 Erdnüsse (aus der Schale rauspulen, also 30 Stück) Bei Erdnuss-Unverträglichkeit andere Nüsse nehmen.

1 TL Rosmarin

1 TL Steinsalz

1 Knoblauchzehe

2 EL gutes, gesegnetes (Quell)wasser

(ozonisiertes) kaltgepresstes Olivenöl (bzw. Öl nach eurer Wahl.)

Zubereitung:

Ihr gebt alles in euren Mixer oder auch in den Messbecher, wenn ihr den Stabmixer nehmt.

Zuerst gebt ihr etwa 3-4 EL des Öls vor dem ersten mixen mit hinein und dann lasst ihr nach und nach das Öl zulaufen, je nachdem, wie fest oder flüssig ihr das Pesto möchtet.

Schmeckt sehr ungewöhnlich – aber super lecker!

Vielen Dank, ihr lieben Einhörner!

95.) Adalbert Pesto: „Salat Pesto"

30g Feldsalat

½ Chicorée Salat

1 TL Steinsalz

1 Tropfen Tabasco

1 Handvoll Sonnenblumenkerne

1 EL gutes, gesegnetes (Quell)wasser

(ozonisiertes) kaltgepresstes Olivenöl (bzw. Öl nach eurer Wahl.)

Zubereitung:

Ihr gebt alles in euren Mixer oder auch in den Messbecher, wenn ihr den Stabmixer nehmt.

Zuerst gebt ihr etwa 3-4 EL des Öls vor dem ersten mixen mit hinein und dann lasst ihr nach und nach das Öl zulaufen, je nachdem, wie fest oder flüssig ihr das Pesto möchtet.

Sehr ungewöhnlich in der Erstellung und auch im Geschmack!

Danke schön, lieber Adalbert!

Gerne geschehen, Johannes! Viel Freude damit, ihr lieben Leser!

96.) Wichtel Pimpinelle Pesto: „Aloe – Senf Pesto"

1 Bund Petersilie

3 EL Kokosmilch

2 EL Senf (mittelscharfer)

1 TL Steinsalz

1 EL Aloe Vera

1 TL Sellerie (gefriergetrocknet)

1 EL gutes, gesegnetes (Quell)wasser

(ozonisiertes) kaltgepresstes Olivenöl (bzw. Öl nach eurer Wahl.)

Zubereitung:

Ihr gebt alles in euren Mixer oder auch in den Messbecher, wenn ihr den Stabmixer nehmt.

Zuerst gebt ihr etwa 3-4 EL des Öls vor dem ersten mixen mit hinein und dann lasst ihr nach und nach das Öl zulaufen, je nachdem, wie fest oder flüssig ihr das Pesto möchtet.

Etwas ungewöhnlich und ein bisschen scharf und würzig. Kann ggf. mit 1-2 weiteren EL Kokosmilch etwas abgemildert werden.

Danke schön, liebe Pimpinelle!

97.) Baumwesen Pesto: „Nur Nuss-Pesto"

1 Handvoll Sonnenblumenkerne

5 Macadamianüsse

7 Walnüsse

1 Handvoll Pistazien

1 TL Steinsalz

1 Handvoll Cashewnüsse

1 EL gutes, gesegnetes (Quell)wasser

(ozonisiertes) kaltgepresstes Olivenöl (bzw. Öl nach eurer Wahl.)

Zubereitung:

Ihr gebt alles in euren Mixer oder auch in den Messbecher, wenn ihr den Stabmixer nehmt.

Zuerst gebt ihr etwa 3-4 EL des Öls vor dem ersten mixen mit hinein und dann lasst ihr nach und nach das Öl zulaufen, je nachdem, wie fest oder flüssig ihr das Pesto möchtet.

Es sollten alle Nüsse vorher mindestens 2 Stunden eingeweicht werden und das Einweichwasser entsorgt werden.

Ist sehr reich an Kalorien, daher nicht alles auf einmal essen!

Danke schön, ihr lieben Baumwesen!

98.) Tomatenelfe Pesto: „scharfes Tomaten Pesto"

50ml Tomaten aus der Dose (ohne alles) oder 4 frische Tomaten

1 EL Tomatenmark

3 Knoblauchzehen

5 Liebstöckelblätter

1 TL Steinsalz

1 Prise schwarzer Pfeffer

2 Tropfen Tabasco

1 EL gutes, gesegnetes (Quell)wasser

(ozonisiertes) kaltgepresstes Olivenöl (bzw. Öl nach eurer Wahl.)

Zubereitung:

Ihr gebt alles in euren Mixer oder auch in den Messbecher, wenn ihr den Stabmixer nehmt.

Zuerst gebt ihr etwa 3-4 EL des Öls vor dem ersten mixen mit hinein und dann lasst ihr nach und nach das Öl zulaufen, je nachdem, wie fest oder flüssig ihr das Pesto möchtet.

Sehr scharf und feurig!

Danke schön, liebe Elfe! Herzlich willkommen bei uns!

Ich freue mich, hier mitmachen zu können, Johannes!

99.) Hartlbert Pesto: „Oliven Speciale Pesto"

25 Oliven (Schwarz)

25 Oliven (grün)

1 TL Steinsalz

1 Prise Guarana

2 EL Kokosmilch

1 TL Schwarzkümmelsamen

1 EL gutes, gesegnetes (Quell)wasser

(ozonisiertes) kaltgepresstes Olivenöl (bzw. Öl nach eurer Wahl.)

Zubereitung:

Ihr gebt alles in euren Mixer oder auch in den Messbecher, wenn ihr den Stabmixer nehmt.

Zuerst gebt ihr etwa 3-4 EL des Öls vor dem ersten mixen mit hinein und dann lasst ihr nach und nach das Öl zulaufen, je nachdem, wie fest oder flüssig ihr das Pesto möchtet.

Ideal für alle Oliven Fans. Hier bietet sich als Bonbon natürlich Olivenöl zu nehmen...

Ja, so was von superlecker! Danke schön, Hartlbert!

100.) Hurtimann Pesto: „Kokosnuss-Traum"

½ Bund Petersilie

1 TL Steinsalz

1 Prise schwarzer Pfeffer

250g Kokosmilch

100g Kokosraspeln

½ TL Ahornsirup

1 EL gutes, gesegnetes (Quell)wasser

(ozonisiertes) kaltgepresstes Olivenöl (bzw. Öl nach eurer Wahl.)

Zubereitung:

Ihr gebt alles in euren Mixer oder auch in den Messbecher, wenn ihr den Stabmixer nehmt.

Zuerst gebt ihr etwa 3-4 EL des Öls vor dem ersten mixen mit hinein und dann lasst ihr nach und nach das Öl zulaufen, je nachdem, wie fest oder flüssig ihr das Pesto möchtet.

Unser letztes Pesto für heute ist noch einmal ein Schmankerl erster Güte!

Danke schön, lieber Hurtimann für dieses wunderschöne Abschluss – Pesto der veganen Art!

Hier sind jetzt einige Bücher von Johannes Allgäuer aufgelistet, die bei BOD erschienen sind:

„Das Naturwesen Smoothie Rezept Buch" Außergewöhnlich gechannelte Rezepte von Elfen, Feen, Zwergen und vielen anderen Naturwesen 120 Rezepte ISBN: 978-3-8423-4146-3 / 12,80 Euro

„Das Naturwesen Smoothie Rezept Buch 2" Außergewöhnlich gechannelte Rezepte von Elfen, Feen, Zwergen und vielen anderen Naturwesen 120 Rezepte ISBN: 978-3-7322-7971-5 / 12 Euro

„Der Bau des Regenbogens - spirituelle Erlebnisse mit Elfen, Feen, Zwergen und anderen Naturwesen" ISBN: 978-3-8370-0214-0 / 9,90 Euro

„Der Bau des Regenbogens Band 2 - Die Regenbogen-Treppe" ISBN: 978-3-8482-0518-9./ 9,90 Euro

„HEILUNG FÜR MUTTER ERDE: mit Hilfe von Elfen, Feen und Zwergen" ISBN: 978-3-8391-5124-4 / 9,90 Euro

„Wunderschöne Geschichten von Elfen, Feen und Zwergen -ISBN: 978-3-8391-1750-7 /12,80 Euro

„Kochen mit Elfen, Feen und Zwergen -vegetarisch und vegan- garniert mit Botschaften, Gedichten und Geschichten aus der Welt der Naturwesen" ISBN: 978-3-8391-0619-8 / 144 Seiten / 14,90 Euro

„Mittsommernacht - Erlebnisse mit Naturwesen" ISBN: 978-3-8482-1387-0 / 12 Euro

„Die abenteuerliche Reise durch Raum und Zeit - zur Heilung und Rettung von Mutter Erde" ISBN: 978-3-8370-1413-6 / 13 Euro

„Das spirituelle Survival Buch für den Alltag: bis 2012 und darüber hinaus" ISBN: 978-3-8391-6670-5 / 12,80 Euro

„Ganzheitliche Umwandlung von Mutter Erde" ISBN: 978-3-8423-4146-3 / 14,90 Euro

„ELFENFLUG: wundervolle Geschichten von Elfen, Feen, Zwergen und anderen Naturwesen" ISBN: 978-3-8423-3191-6 / 9,90 Euro

„Überleben im Chaos wenn die Börse crasht" ISBN: 978-3-7347-6117-1./ 12 Euro

„Survival ist alles! (Wenn aus Urlaub pures Überleben wird" ISBN: 978-3-7347-6119-5./ 12 Euro